思想学术系列

民间信仰史话

A Brief History of Folk Beliefs in China

侯 杰　王小蕾 / 著

社会科学文献出版社
SOCIAL SCIENCES ACADEMIC PRESS (CHINA)

图书在版编目（CIP）数据

民间信仰史话/侯杰，王小蕾著．—北京：社会科学
文献出版社，2012.6
（中国史话）
ISBN 978 - 7 - 5097 - 3351 - 6

Ⅰ．①民…　Ⅱ．①侯…②王…　Ⅲ．①信仰 - 民间
文化 - 文化史 - 中国　Ⅳ．①B933

中国版本图书馆 CIP 数据核字（2012）第 078135 号

"十二五" 国家重点出版规划项目

中国史话·思想学术系列

民间信仰史话

著　　者／侯　杰　王小蕾

出 版 人／谢寿光
出 版 者／社会科学文献出版社
地　　址／北京市西城区北三环中路甲 29 号院 3 号楼华龙大厦
邮政编码／100029

责任部门／人文分社　（010）59367215
电子信箱／renwen@ ssap. cn
责任编辑／宋淑洁　岳　蕾
责任校对／王翠荣
责任印制／岳　阳
总 经 销／社会科学文献出版社发行部
　　　　　（010）59367081　59367089
读者服务／读者服务中心（010）59367028

印　　装／北京画中画印刷有限公司
开　　本／889mm×1194mm　1/32　印张／6.375
版　　次／2012 年 6 月第 1 版　　字数／124 千字
印　　次／2012 年 6 月第 1 次印刷
书　　号／ISBN 978 - 7 - 5097 - 3351 - 6
定　　价／15.00 元

总　序

　　中国是一个有着悠久文化历史的古老国度，从传说中的三皇五帝到中华人民共和国的建立，生活在这片土地上的人们从来都没有停止过探寻、创造的脚步。长沙马王堆出土的轻若烟雾、薄如蝉翼的素纱衣向世人昭示着古人在丝绸纺织、制作方面所达到的高度；敦煌莫高窟近五百个洞窟中的两千多尊彩塑雕像和大量的彩绘壁画又向世人显示了古人在雕塑和绘画方面所取得的成绩；还有青铜器、唐三彩、园林建筑、宫殿建筑，以及书法、诗歌、茶道、中医等物质与非物质文化遗产，它们无不向世人展示了中华五千年文化的灿烂与辉煌，展示了中国这一古老国度的魅力与绚烂。这是一份宝贵的遗产，值得我们每一位炎黄子孙珍视。

　　历史不会永远眷顾任何一个民族或一个国家，当世界进入近代之时，曾经一千多年雄踞世界发展高峰的古老中国，从巅峰跌落。1840 年鸦片战争的炮声打破了清帝国"天朝上国"的迷梦，从此中国沦为被列强宰割的羔羊。一个个不平等条约的签订，不仅使中国大量的白银外流，更使中国的领土一步步被列强侵占，国库亏空，民不聊生。东方古国曾经拥有的辉煌，也随着西方列强坚船利炮的轰击而烟消云散，中国一步步堕入了半殖民地的深渊。不甘屈服的中国人民也由此开始了救国救民、富国图强的抗争之路。从洋务运动到维新变法，从太平天国到辛亥革命，从五四运动到中国共产党领导的新民主主义革命，中国人民屡败屡战，终于认识到了"只有社会主义才能救中国，只有社会主义才能发展中国"这一道理。中国共产党领导中国人民推倒三座大山，建立了新中国，从此饱受屈辱与蹂躏的中国人民站起来了。古老的中国焕发出新的生机与活力，摆脱了任人宰割与欺侮的历史，屹立于世界民族之林。每一位中华儿女应当了解中华民族数千年的文明史，也应当牢记鸦片战争以来一百多年民族屈辱的历史。

当我们步入全球化大潮的21世纪，信息技术革命迅猛发展，地区之间的交流壁垒被互联网之类的新兴交流工具所打破，世界的多元性展示在世人面前。世界上任何一个区域都不可避免地存在着两种以上文化的交汇与碰撞，但不可否认的是，近些年来，随着市场经济的大潮，西方文化扑面而来，有些人唯西方为时尚，把民族的传统丢在一边。大批年轻人甚至比西方人还热衷于圣诞节、情人节与洋快餐，对我国各民族的重大节日以及中国历史的基本知识却茫然无知，这是中华民族实现复兴大业中的重大忧患。

中国之所以为中国，中华民族之所以历数千年而不分离，根基就在于五千年来一脉相传的中华文明。如果丢弃了千百年来一脉相承的文化，任凭外来文化随意浸染，很难设想13亿中国人到哪里去寻找民族向心力和凝聚力。在推进社会主义现代化、实现民族复兴的伟大事业中，大力弘扬优秀的中华民族文化和民族精神，弘扬中华文化的爱国主义传统和民族自尊意识，在建设中国特色社会主义的进程中，构建具有中国特色的文化价值体系，光大中华民族的优秀传统文化是一件任重而道远的事业。

当前，我国进入了经济体制深刻变革、社会结构深刻变动、利益格局深刻调整、思想观念深刻变化的新的历史时期。面对新的历史任务和来自各方的新挑战，全党和全国人民都需要学习和把握社会主义核心价值体系，进一步形成全社会共同的理想信念和道德规范，打牢全党全国各族人民团结奋斗的思想道德基础，形成全民族奋发向上的精神力量，这是我们建设社会主义和谐社会的思想保证。中国社会科学院作为国家社会科学研究的机构，有责任为此作出贡献。我们在编写出版《中华文明史话》与《百年中国史话》的基础上，组织院内外各研究领域的专家，融合近年来的最新研究，编辑出版大型历史知识系列丛书——《中国史话》，其目的就在于为广大人民群众尤其是青少年提供一套较为完整、准确地介绍中国历史和传统文化的普及类系列丛书，从而使生活在信息时代的人们尤其是青少年能够了解自己祖先的历史，在东西南北文化的交流中由知己到知彼，善于取人之长补己之短，在中国与世界各国愈来愈深的文化交融中，保持自己的本色与特色，将中华民族自强不息、厚德载物的精神永远发扬下去。

《中国史话》系列丛书首批计 200 种，每种 10 万字左右，主要从政治、经济、文化、军事、哲学、艺术、科技、饮食、服饰、交通、建筑等各个方面介绍了从古至今数千年来中华文明发展和变迁的历史。这些历史不仅展现了中华五千年文化的辉煌，展现了先民的智慧与创造精神，而且展现了中国人民的不屈与抗争精神。我们衷心地希望这套普及历史知识的丛书对广大人民群众进一步了解中华民族的优秀文化传统，增强民族自尊心和自豪感发挥应有的作用，鼓舞广大人民群众特别是新一代的劳动者和建设者在建设中国特色社会主义的道路上不断阔步前进，为我们祖国美好的未来贡献更大的力量。

陈奎元

2011 年 4 月

⊙侯 杰

作者小传

　　侯杰，南开大学历史学院教授、博士生导师兼天津口述史学会副会长等，香港中文大学文化及宗教研究系客座教授，崇基学院宗教与中国社会研究中心学术委员，美国加州大学、芬兰土尔库大学、法国远东学院、日本横滨市立大学、韩国岭南大学及台湾大学、香港中文大学等机构的访问学者、交换教授等，在世界30余所高校、研究机构发表演讲、授课、合作研究。从事中国民众宗教意识的教学、研究工作二十余年。撰写《世俗与神圣——中国民众宗教意识》、《中国民众意识》等著作，以中、英、韩文发表论文近百篇。

目　录

绪 言

　　民间信仰是中国社会、文化的重要组成部分，不仅具有丰富的内涵，而且拥有辉煌灿烂的历史。在中国的历史长河中，民间信仰与社会组织结构、民众的日常生活有着极为密切的联系。因此说，民间信仰是中华民族纷繁复杂的文化体系的有机组成部分。它既在中国社会长期存在，并不断发展、变化，为广大普通民众所接受，又衍生出一系列的优秀文化成果，被后世所继承、发扬，成为文化认同、信仰认同的重要载体。

　　在千百年形成、发展、演变的过程中，民间信仰不断受到民间文化和精英文化的滋养，并在满足不同信仰者的基础之上，大胆驰骋自己的想象，不断添加意蕴丰富的诸多内涵。这使其在中国民众之中更具魅力，在中国文化之中展现出独特的价值。透过民间信仰，可以发现在民众日常生活和祭拜行为中所彰显的人生观、世界观和宇宙观，以及他们对生前身后的各种认知等，进而对中国文化产生更深入的认识和理解。

　　经过历史上风霜雨雪的冲刷、洗礼，民间信仰似乎也变成了一个有些模糊和笼统的概念，经历了耐人寻味的发展、演变，存在着如何命名等一系列的问题。目前，人们基本上是将那些在民间社会长期流传并被广大普通民众普遍崇信的神灵及其观念、行为等视为民间信仰。换而言之，它的内涵极为丰富，包含着广大中国民众所传承的有关自然、神灵、祖先、鬼魅等多重信仰及其祭祀活动、组织以及仪式等，呈现出耐人寻味的样貌。

中国民间信仰的产生、发展与其赖以存在的自然环境、社会、政治、文化诸因素密不可分，存在多重互动的关系。

中国民间信仰形成于人与自然所结成的各种关系之中。千百年来，中国民众在认识自然、了解自然的过程中，既有对自然界各种事物的接受、顺从、调适，又有对大自然的抗拒、改造和斗争。他们一方面感受到自然的伟大，养成了靠山吃山、靠水吃水、靠海吃海，也就是靠天吃饭，从山水自然特别是土地中求生存的习惯；另一方面，他们又要鼓足勇气，在大自然面前显示人的力量和存在，产生征服自然、改造自然的冲动，甚至相信人定胜天。无论如何，中国民众在认识和了解自然的过程中付出过巨大的代价，因而他们也开始并持续不断地对各种自然现象进行观察与思考，逐渐从不自觉到自觉地将自然界的风调雨顺与人们的辛勤劳作进而获得丰收紧密联系起来，并将这一切都置于同等重要的地位。

自古以来，中国就是一个充满灾荒的国度，各种自然灾害往往会不期而至。这不仅使民众的生存受到巨大的威胁，农业劳作是否能够有所收获，似乎也成了问题，而且还导致民众在心理上产生因"轮番上场"的自然灾害所造成的莫大恐惧。于是，民众期盼有超自然的力量显示出神威，降恩赐福，保佑、帮助自己和周围的人们消除灾祸，转危为安。在这样的心理作用下，成千上万的男男女女、老老少少都会参与到民间"造神运动"中去，虔诚地祭拜、礼遇、祈求各路神仙，赋予神灵以各种神力，冀望其保佑一方平安。

除自然环境外，社会环境也在不断影响着、塑造着中国民间信仰，并促使其发生转变。由于民众的生产活动需要家庭成员的齐心协力、共同劳作，因而自周代以后，以血缘家族为纽带的宗法制度逐渐形成，并具有相对稳定性。血缘家族作为社会的重心，具有生产、生育、情感支持、教养、娱乐、信仰、政治等方面的功能，是陶冶人的信仰与习惯的社会土壤。随着专制统治的建立，皇帝以"天子"的身份，代表上天的意志来到人间管理万民。尽管中国历史上曾经上演过无数次改朝换代的悲喜剧，但是专制制度却很少受到根本性的动摇，反而是不断地被加强。专制君主深知民间信仰是一柄锋利无比的双刃剑。为了更好地从思想上、信仰上控制民众，他们千方百计对民间信仰加以利用和控制，甚至不惜大开杀戒，以维护王朝统治，并通过政权的力量制定诸多相关谕令、政策予以限制，从而在一定程度上制约了民间信仰的生存、发展、变化。当王朝统治面临民间信仰的冲击和挑战时，君主们便毫不迟疑地冠之以各种莫须有的罪名，必欲置之死地而后快。常言道："野火烧不尽，春风吹又生。"在专制君主一次次的威逼利诱和取缔绞杀面前，中国民间信仰依然顽强地存活下来。

中国民间信仰尽管产生于社会下层，但是却与精英文化存在着复杂而微妙的关系。精英人士为了维护由他们所倡导的文化理念，进而稳定社会秩序、引导时代潮流，对民间信仰的存在和发展采取了一种复杂而微妙的态度。有时候，为维护自身利益，他们会有选择地对某些民间信仰加以提倡或反对。即使是同一种民间信仰活动，也完全可能在某一特定的条件下为其所许可，而在其他特殊的情况下被禁止。当然，他们对民间信仰的支持和阻挠有时候并不是以一种激烈的形式来进行，这就使得民众甚至很少能够感知统治者的态度对民间信仰自身的演变所带来的影响。虽然民间信仰是对被认为能够指导与控制自然及其人生进程的超自然力量的迎合与抚慰，但是，有些时候，它既没有明确的创道人，又较少利用文本化的经典进行传承。尽管普通民众是民间信仰的主要实践者，但他们往往视其为日常生活的一部分，并不是随时随地赋予其至高无上的神圣性。

那么，中国民间信仰为什么具有如此顽强的生命力，它又具有哪些重要特征呢？

其一，中国民间信仰是一种客观存在。千百年来，民间信仰以多种不同形态存在于民众的日常生产、生活之中，满足着民众的神圣与世俗的各种需要，并不是仅仅依托于某种特定宗教团体和组织。在历史上，中国民众表面看来似乎并不属于某个宗教团体和组织或不专属于某个宗教团体和组织，但是却不能因此而否认或质疑他们信仰的真实性。在近代中国生活了数十年的外国传教士就曾慨叹：对生活在村庄的普通民众来说，信仰有时候是隐而不彰的，即使这个村庄没有一座庙，你也不能就说这个村庄没有信仰。一旦村民的公共事务靠既往经验不能解决，而又没有其他任何外来援助的时候，求神、避邪是村民最为可能寻求的依靠。

其二，中国民间信仰具有原始蒙昧性。中国农业文明的早熟以及自给自足的自然经济长期稳固地支配着人们的生产与生活，使中国民间信仰保留着浓厚的原始色彩。由于多数普通民众对变幻莫测的自然现象不能作出科学的解释，因此，占卜、祭祀、祈雨、咒术等各种充满神秘色彩的原始崇拜在东方土地上不断上演。可以说，"宁可信其有，不可信其无"是一种普遍的社会心态。一个偶然的事件，也会讹传为与人的吉凶福祸有关，从而导致广泛的社会恐慌。1768 年，一种名为"叫魂"的妖术在华夏大地上传布开来，以至于人们普遍相信人的灵魂和躯体是可以相互分离的，若对着某个人身上的相关部位施行妖术，就可以掌握此人的灵魂。这种恐惧感在几个普通的偶然性事件发生过后，就会莫名其妙地增强，逐渐演变成社会性的群体大恐慌，并深刻地影响着民众的正常生活。

其三，中国民间信仰实用理性色彩浓厚，功利性突出。民众之所以选择与鬼神仙佛打交道，求神拜佛、祭天祭地，目的在于通过随时可行的仪式与信仰表达满足自己延年益寿、消灾趋福等方面的心理需要。于是，华夏诸神被民众不断赋予各种各样的功用，随时随地接受民众的祭拜，满足着人们的各种诉求。对于这一点，费孝通曾说："我们对鬼神也很实际，供奉他们为的是风调雨顺，为的是免灾逃祸。我们的祭祀很有点像请客、疏通、贿赂。我们的祈祷是许愿、哀乞，鬼神在我们是权力，不是理想；是财源，不是公道。"对接受祭祀并得到美酒、美食、美言等供奉之后的神灵是否显示神力，民众会有相应的不同表示。无论是不遗余力的回报，还是不敬，乃至戏谑、惩罚，所有这一切都是现实社会中人际交往模式的投射或翻版。

其四，中国民间信仰具有超强的包容性。民众不断对各种神灵进行筛选、淘汰、组合之后，形成一个杂乱的神灵信仰体系。而各种神灵在同一地区和谐共存的现象也非常普遍。民众以为求一神不如求多神，很少有人觉得只信仰某一种神灵便可以满足他们的所有需求，保佑他们的日常生产、生活平安无虞。于是，数量众多的神灵不但被赋予了各种神格，具有的功能也是多种多样的，而且可以来自不同的系统，形成多元的局面。

其五，中国民间信仰还具有明显的差异性和趋同性。中国幅员辽阔，平原、山地、丘陵遍布，江、河、湖、海纵横，有些地方甚至是"百里不同风，千里不同俗"，这就为各地产生特色鲜明的地域文化创造了前提条件。因此，在漫长的历史发展、演进过程中，民间信仰也逐渐呈现出不同程度的地域性。长期以来，中华文化具有"大一统"的格局，因此生活在天南地北的普通民众形成了共同的文化心理和强烈的信仰认同。这在民间信仰上也有充分体现。即使在崇拜对象、信仰仪式上存在一定的差异性，这种差异性也不会破坏中国民间信仰的整体性，只能是丰富和补充了中国民间信仰的内涵。

可以说，民间信仰在塑造和丰富中国文化方面的作用不言而喻。在概括分析了民间信仰的源流及其总体特征之后，有必要以民间信仰诸神的神格演变与祭祀活动为线索，进一步分析民众是如何通过各种各样的活动表达自身的宗教情感和现实诉求，从而对中国民间信仰及其典型特征有一个比较全面而透彻的了解。

一 万物有灵

中国民众对自然界的敬畏之情产生于遥远的古代。早在中国社会发展的初始阶段，人们对自然界的许多奥秘无法认识和理解的时候，就寄希望于某种神秘的超自然力量能够出现，来解除人类生存的困厄。"万物有灵"的观念由此逐渐形成。在此基础上，中国民间信仰的初始形式——自然神崇拜逐渐产生。其核心内容是将风、雨、雷、电、日、月、星辰等视为神灵，加以虔诚祭拜。正如《礼记》中所言："山林川谷丘陵，能出云，为风雨，见怪物，皆曰神。"总的来讲，自然神崇拜的基本特征有二：其一，民众所崇拜的自然神皆有灵魂和意志。其二，虽然中华文化日渐昌盛，但民众对原始自然神的崇拜一直延续下来，并依照以下三种轨迹加以演变：部分自然神转变为人格神；某些自然神的神圣性逐渐提高，成为民众崇敬的图腾和精灵；仍然有少量自然神以其原初面目继续存在，受到普通民众的礼拜。

 **敬天**

敬天包括天体崇拜和天象崇拜。天体崇拜，是自

然神崇拜的重要组成部分，主要指将日、月、星辰等天体作为神灵加以礼拜。

太阳神崇拜，在中国起源较早。仰韶文化遗址就曾出土绘有太阳纹饰的陶片：将太阳画成圆形，四周闪烁着光芒。这是中国发现的最早有关太阳神崇拜的文化遗存。此外，在大汶口文化出土的陶尊中，也发现了太阳神崇拜的痕迹。有关太阳神的形象，民间历来有不同的解释，主要有羲和、东皇太一、东君等，也有以金乌代表太阳的说法。

太阳神崇拜在夏、商、周三朝进入相对繁荣的时期。人们对太阳有"东母"之称。有关祭日的具体时间，历代亦有所不同。夏朝人尚黑，祭祀的时间多是在夜间；商朝人尚白，祭祀多是在白天进行；周朝人尚红，祭祀一般是在黎明时分举办。春秋战国时期，太阳神位列"八神"之中。虽然由于天神地位上升，太阳神崇拜在官方祭祀中的地位似乎没有太大的提升，然而其在民间信仰中依然十分重要。

在《山海经》中，有不少关于太阳神的记载。围绕太阳神也衍生出了许多民间传说，如后羿射日。相传古时十日并出，酷热、高温令人难耐。后羿得知此情后，射掉了九个太阳，使温度适宜人们居住。有些地区在太阳神生日时还要专门举行祭祀活动。在天津，太阳神的生日被认定是二月初二。旧时，每到农历二月初二，人们要将为祭祀太阳神而准备好的豆腐、焖子，放入两碟。两碟之间，是一棵立放在碟子中的大白菜心，菜心上有一张小公鸡图案的红剪纸。此外，民众还要准备糖饼一盘，是为"太阳饼"。在山东宁津地区还流传着"接太阳"的风俗习惯。当地民众以农历六月十九日为太阳的生日，因此在太阳生日前夜，各村寺庙热闹异常，锣鼓喧天，村民们纷纷涌向庙里念经诵佛。黎明时分，民众便向东致祭，直到太阳从地平线上冉冉升起。当太阳红润的笑脸露出来时，人们欢喜万分，为把太阳接到手而雀跃；如果不巧恰逢阴天，太阳藏着不出来，他们就会感到异常沮丧，担心年景不好。太阳神崇拜在北方一些地区的迎神赛会中也十分常见。以山西贾村赛社为例，其《排神簿》中就多见"日宫天子太阳星君"的字样。

在南方的一些地区，民众也普遍信仰太阳神。如湖北沙市的普通民众在每年农历三月十九日，便手持八开纸大小、木刻印制的《太上感应太阳真经》挨户散发。其经文包含如下内容："个个神明有人敬，那〔哪〕个敬我太阳神。太阳三月十九生，家家念佛敬香灯。有人传此太阳经，合家老少免灾星。无人传此太阳经，眼前就是地狱门。佛说大明朱光佛，传与善男信女们。每日清早念七遍，永世不走地狱门。临终之时生净土，九原七祖尽超升。有福念我太阳经，世代儿孙福禄深。"在江浙等地，类似的《太阳经》也流传较广，反映了民众祈求太阳神降恩赐福、趋吉避凶的心理。

此外，在中国民众的眼中，太阳不仅是神，更是某种至高无上权力的象征。一旦太阳受损就必须想出解决办法，否则对崇拜者也不利。于是，当某地发生日食时，人们便会认为是天狗吃太阳，必须鸣锣击鼓，赶走天狗。

月亮除了可以帮助人们记录时间、在夜间辨明方向之外，还因为嫦娥、蟾宫、玉兔等美丽的神话传说而成为较早接受人们虔诚崇拜的天体之一。月神崇拜起初是指对月亮的信仰。早在先秦时期，就有不少文献记述民众崇拜月神的情况。正如《尚书·舜典》所述："肆类于上帝，禋于六宗，望于山川，遍于群神。"其中"六宗"就包含日月诸神。秦汉以后，民众将月神奉为主宰人间祸福、男女婚姻的神灵。有关它的神话传说亦越来越多，如月下老人、嫦娥奔月等。这在传统节日中也有所体现。与月神崇拜密不可分的节日当属中秋节。当天，家家户户都要团聚，并烙月饼，以祭拜月神。值得注意的是，这天所举行的祭拜月神的活动主要由女性来主持和进行，男性只能参与祭祖活动。正所谓"男不拜月，女不祭祖"。同时，一些地区的女性还在这一天结伴出游，以娱身心。

星神崇拜，也是中国民众重要的天体崇拜之一。最初泛指对各种星辰的信仰，随着时代的发展，民间对星神的崇拜逐渐集中在对二十八宿、十一曜星君的崇拜上。所谓二十八宿是指：东方苍龙七宿：角、亢、氐、房、心、尾、箕；北方玄武七宿：斗、牛、女、虚、危、室、壁；西方白虎七宿：奎、娄、胃、昴、毕、觜、参；南方朱雀七宿：井、鬼、柳、星、张、翼、轸。人们又给每个星宿配上动物的名字，即角（蛟）、亢（龙）、氐（貉）、房（兔）、心（狐）、尾

（虎）、箕（豹）、井（犴）、鬼（羊）、柳（獐）、星（马）、张（鹿）、翼（蛇）、轸（蚓）、奎（狼）、娄（狗）、胃（雉）、昴（鸡）、毕（乌）、觜（猴）、参（猿）、斗（獬）、牛（牛）、女（蝠）、虚（鼠）、危（燕）、室（猪）、壁（貐）。此后，民众又将每个星宿与五行、日、月相配，便有了角木蛟、亢金龙、氐土貉、房日兔、心月狐、尾火虎、箕水豹、井木犴、鬼金羊、柳土獐、星日马、张月鹿、翼火蛇、轸水蚓、奎木狼、娄金狗、胃土雉、昴日鸡、毕月乌、觜火猴、参水猿、斗木獬、牛金牛、女土蝠、虚日鼠、危月燕、室火猪、壁水貐。在一些地区，二十八宿还与乐器演奏的乐曲相对应，在山西贾村赛社中便是如此。后来，人们还将二十八宿附会为东汉二十八位名将。这二十八位名将分别是：邓禹、吴汉、贾复、耿弇、寇恂、岑彭、冯异、朱佑、祭尊、景丹、盖延、铫期、坚镡、耿纯、臧宫、马武、刘隆、马成、王梁、陈俊、傅俊、杜茂、任光、李忠、万修、邳彤、刘植、王霸，并衍生出《二十八宿姓名诗》。

除二十八宿外，十一曜星君在星神崇拜中也十分重要，其中包括金星、木星、火星、水星、土星等。

需要强调的是，天神崇拜曾泛指民众对天的信仰。随着专制统治的不断加强，民众逐渐将专制君主视为"天子"，对天更是高度敬畏，视其与统治者一脉相承。他们将天唤作"老天爷"，并视人间的官吏为"青天大老爷"。民众还用"人算不如天算"等谚语、俗语表达对天的至高权威之尊崇、敬畏。在普通民众的观念中，若遭遇不幸或受到不公正的待遇，天还是他们控诉人间罪恶、倾诉人世冤情的对象，可以帮助他们主持公平、正义。如元杂剧《窦娥冤》中便有这样的唱词："没来由犯王法，不提防遭刑宪，叫声屈动地惊天。"此外，天神崇拜还体现在传统婚姻观念与风俗习惯中。故而，民间还有"姻缘天注定"的说法。新婚夫妇在结成百年之好的过程中，一定要拜天地。即便是私订终身的男女，也要向天祈祷，跪地发誓，以天、地为证，以保佑他们白头偕老，永不分离。

天象崇拜指的是民众对主宰天特别是天气变化的自然神的信奉与祭祀。这些自然神包括风、雨、雷、电等诸神。风是一种非常普遍的自然现象，其特点是变化莫测，与人的生产、生活密不可分，有时会对农业生产和人类生活造成极大危害。因此，风神信仰在民众之中逐渐衍生、发展。于是，民众对风神的称谓先后略有不同，如风伯、箕伯、风师、司风等。张衡在《思玄赋》中云："属箕伯以函风兮。"《风俗通》曰："风师者，箕星也，主簸物，能致风气，故称箕伯。"起初，中国民间风神崇拜的对象是风本身。唐宋以后，风神人格化的倾向十分明显。《集说诠真》所描绘的风神之形象是"白须老翁，左手持轮，右手执扇，若扇轮状"。

受自然地理条件的影响，风神信仰流传久远，遍布各地。例如在东南沿海地区的福建，各县均建有风神庙，祭祀风神。在当地普通民众的心目中，风暴除由风神总掌外，一年中所发生的不同风暴则由某位或多位具体的神灵掌管。为保证航船出行顺利，泉州等地还定期举行祈风仪式。至今，在泉州九日山还保留着13块宋代祈风石刻。此外，风神信仰在中国内陆地区同样有迹可循。在山西，人们所尊崇的风神便是名为风婆的女性神灵。在各地普通民众之中，有关风婆的传说也比较普遍。相传尧在位时，八方安然，风调雨顺，国泰民安。但是，某日突然狂风四起。于是，尧急忙派人查明原因，得知这是风婆由于没有得到更多的赏赐而发泄不满，因此马上对其一家大行封赏，予以安抚。

雷神又称雷公、雷师、雷王爷、雷震子、司雷之神等。起初，雷神具有自然崇拜的性质。后来，它逐渐被拟兽化、拟人化。《山海经》中有这样一段文字："雷泽中有雷神，龙身而人头，鼓其腹。"战国以后，雷神开始被人格化。《离骚》云："鸾皇为余先戒兮，雷师告余以未具。吾令丰隆乘云兮，求宓妃之所在。"到了汉代，民间开始尊黄帝为最高雷神。《历代神仙通鉴》称黄帝"为九天之应元雷声普化真王……凡行雷之时，亲王真击本部雷鼓一下，届时雷公、雷师发雷声也，雷公即如雷泽而为神者"。随后，雷神又出现若干下属，如邓元帅、辛元帅、庞元帅、刘天君、毕元帅、葛天君、石元帅、吕元帅、谢天君、袁千里、法术呼律令等。

云神又称云中君。屈原所创作的千古名篇《九歌·云中君》就是祭祀云神的唱词。人们将瞬息万变的云视为龙变幻出来的各种形态，并对云加以崇拜。《易经》中称"云从龙"。在江浙地区，民众多认为积雨云为龙挂、龙摆尾、吊龙，暴雨为龙雨。叶梦得在《避暑录话》中说，该地"以五月二十为分龙日……前此夏雨时，行雨之所及必广。自分龙后，则有及有不及，若有命而分之者也"。

由于普通民众在生产、生活的过程中离不开雨水，雨水过多或不足都会引起自然灾害，因而雨神也在民间信仰生活中占据突出地位。起初，雨神多指雨水本身。后来，各地普通民众加入很多想象的成分，将雨神塑造成人的形象。商代奉女神媚为雨神。西周后，民间逐渐称其为雨师。《韩非子》中有这样的记载："风伯进扫，雨师洒道。"在不同的典籍中，雨神的形象亦各有不同。《风俗通》以玄冥为雨神；《搜神记》和《历代神仙通鉴》中也以玄冥为雨神；《集说诠真》中以冯修为雨神。而在民间更为普遍的雨神形象，莫过于龙王了。《抱朴子》曰："山中辰日有自称雨师者，龙也。"

特别是在广大的农耕地区，普通民众对龙王的信仰异常虔诚。如生活在天津等地的普通民众遇到大旱天气，就举行求雨的仪式，抬龙王巡游。旧时，在河北省（旧称直隶，1928 年后改为河北省）良乡吴店村（今北京市房山区良乡镇），如果遇到天旱无雨，人们就会举行祈雨仪式。他们先在庙中为龙王烧香，然后将龙王像抬上轿子，抬出寺庙，在本村和附近村子里巡游，最后到位于 10 公里外的玉皇庙外的井里取水回来。祈雨后三天内，如果下雨，他们会为龙王像清洁、涂漆，以为回报。如果遇到丰年，他们还会在秋季供奉龙王，感谢其保佑农业生产顺利进行，粮食生产获得大丰收，是为"谢秋"。在东北一些地区，每逢干旱季节，地方官便率领当地士绅以及民众祭祀龙王。此后，如果天降甘霖，他们就要带上各式各样的供品到龙王庙祭祀龙王，并上演酬神戏，是为"谢降"。与此同时，当地还流传着这样一句民间谚语："大旱不过五月十三。"同样，在四川地区，每逢旱涝灾害降临，官员们也都会设坛于城隍庙或龙王阁，集僧诵经。乡民亦设坛于其里。旱甚，则露顶赤足，遍祷百神，情尤迫切。如果龙王并未显灵，依然久旱不雨，很多地区的普通民众都会迁怒于龙王，将龙王像置于庙门外任凭太阳暴晒，是为"晒龙王"。

雹神又称冰雹神，多在易受冰雹灾害的地区供奉。总而言之，雹神信仰在北方较为发达，其具体名目各地有所不同。山西一带以狐突为雹神；东北地区以秃尾巴老李为雹神；山东某些地区称雹神为"沧浪神"。各地祭祀雹神的时间也有明显的差异性：山西民众祭祀雹神的时间是每年夏秋之交；东北及山东等地的民众则在每年春夏之交祭祀雹神。

在各地出现的雹神祭祀组织，有的就叫做"冰雹会"。其中河北高碑店的大义店村于每年正月举行的冰雹会比较典型。相传该村冰雹会的仪程、神位和祭文等都是进京面圣的张天师亲自传授的。每年正月初九，村民们开始筹备冰雹会。正月初九，管事会的人到香头家里印束、安排日程。正月初十，灯会挂灯笼，糊云灯，做走马灯。正月十一，敛香钱，管事的人逐门敛钱。村民们根据自家条件自愿捐奉。正月十二，准备烟火、饭菜。正月十三，悬神，进会，印束。正月十四，上午搭建神棚，下午散香。音乐会奏乐，晚上请神，放焰火、燃放云灯、挂走马灯。正月十五，拜神。其内容共有烧香、磕头、供饺子。管事会到旧庙址拜神。正月十六晚，送神。正月十七，落宴。如今，人们对雹神的信仰除了预防冰雹的降临等内容，还增加了免灾增福、延年益寿、婚姻美满、合家幸福、万事如意等美好而善良的意愿。

拜土地

土地神是中国民间信仰体系中的一种重要的自然神。土地神，最早指泥土本身，后来逐渐被人格化。民间有关土地神的传说很多，其中包括这样两种说法：其一，周朝有一位官吏名叫张福德，自小聪颖至孝。36岁时任朝廷总税官，为官廉洁，勤政爱民。他死后，有一贫户以四大石围成石屋奉祀，不久即由贫转富。此后，民众都相信这位土地神具有无穷的威力，于是合资建庙并塑金身加以顶礼膜拜，尊称其为"福德正神"。其二，土地神是周朝上大夫的家仆张明德（或张福德）。主人因为赶赴外地做官，遂将幼女留在家中。此后，张明德带女寻父。不巧，他们途中遇到风雪天气，张明德舍身脱衣保护主人幼女，自己活活冻死。据说，在他临终之时，空中出现了"南天门大仙福德正神"九个大字。事后，上大夫念其忠诚，建庙奉祀。

而周武王也不禁赞叹道："似此之心可谓大夫也。"因此，各地普通民众供奉的土地公有戴宰相帽者。此外，共工之子句龙在一些地区也被奉为土地神。

由于土地神信仰在中国民间拥有广泛的社会基础，所以民众将土地神称为"土地公"。土地公大多为慈眉善目、白须白发的老人。有些还因为前述原因而身穿官服。汉唐以后，土地公的形象发生了比较大的转变，不仅有显赫的高官贵族形象，也有了寒酸的土地老儿的模样。从土地神中又衍生出庙门土地、桥头土地、七郎土地、水口土地、秧苗土地、青斋土地、家宅长生土地等。既然有"土地公"，一定也会有配偶神"土地奶奶"接受民众的祭拜。

土地公的职责和功能有以下几个方面：首先，随着国家地方管理制度的日益完善，土地公成为管理本乡本土的最普遍的神灵。其次，由于土地本身具有滋生万物的功能，因此土地的神职和功能也不断增加和扩大。于是，生育和送子也成为土地神的功能之一。再次，在许多地区普通民众的风俗习惯中，每个人出生都有"庙王土地"——即所属的土地庙。因此，土地公又有保护坟墓不受侵扰的功能。最后，在东南沿海地区，土地公还被赋予保佑生意人经商顺利、旅客旅途平安等神职。

民间供奉土地公的庙宇往往被称为"土地庙"。由于土地公非常普遍，与民众的日常生活关系密切，加之神格不高，因而土地庙多为民众自发修建的小型祭祀建筑。在中国，土地庙几乎遍及城镇和乡村地区。民众对土地公的祭祀一般分为春秋两祭。春祭是在每年立春之后的第五天，人们抬着美酒、肉、香纸、蜡烛等物来叩拜土地公。秋祭的具体时间和做法略有不同，有的地方民众是在收割前先向土地爷"小祭"；有的地方民众则是待所有的农活忙完之后，再进行"大祭"。一般来讲，春祭是为了祈祷神灵降恩赐福，秋祭是为了答谢酬神。在祭祀时，人们一般是要筹集钱财，聘请戏班子，在土地庙或谷场等处上演酬神戏。值得注意的是，祭祀土地神的贡品比较丰富。每年祭祀土地神的日子被称为"社日"，其神会被称为"社会"、"土地会"等。

当普通民众的家中有人死亡时，家里人往往会到土地庙去报丧。旧时，在天津，家中若有人死亡，亲友们多要先到土地庙告庙，祭拜死者。在河北省顺义县（今北京市顺义区），人死之后，妇女也要先往附近的土地庙中报丧，此为"报庙"。在潮汕地区，"报庙"也被当地人称为"报地头"。在"报地头"时，由村中长者手持白灯笼，带领死者男性子孙穿孝服到地头神庙报告。来到寺庙之后，长者上香后取出年庚帖，对着神像奉告、祈祷。

在台湾地区，土地公还是许多商家所崇奉的财神。因此社会各界人士每隔一段时间都要为土地公举行祭典。农历二月初二既是土地公诞辰之日，又是第一次祭典的举行之时，此为"头牙"。每年最后一次祭典既被称为"谢土地"，又被叫做"尾牙"。除此之外，每逢祭典举行之时，商家还要照例用祭拜土地公的牲醴，招待伙计、房东、亲友和老主顾，此为"造福"。

3　祭祀城隍

　　城隍神，又称水庸神。城隍神起源于城墙和护城河的神话，后来经过人格化的过程逐渐发生改变。随着正人直臣死后成为城隍神的观念的形成，越来越多的城隍都是那些享誉本地的人物。一些生前拥有某种奇异的力量或死于非命、为国捐躯的人士常常会被赋予某种超凡的神力，从而成为护佑一方的城隍神。当然，也有一些并不显赫的地方神灵充当了城隍神。因此，一个地区往往会有多位城隍神接受人们的祭祀。也正因为如此，天下城隍名号不一。例如，苏州城隍姓白，杭州城隍姓胡。仅上海一地，便有"一庙三城隍"之说。除了霍光、秦裕伯之外，为纪念驻守吴淞口的近代民族英雄陈化成，当地普通民众也将其立于城隍庙之中，加以虔诚祭拜。在很多地区，人们还为城隍神配以"城隍奶奶"，共同供奉和祭祀。

　　在发轫之初，城隍信仰带有很强的维护社会秩序与安全的色彩，其主要功能是保境安民。随着时代的发展，城隍神所具有的惩恶扬善的属性不断增强。当人们对官府、司法逐渐失去信心的时候，往往就把城隍神视为主持人间正义、维护司法公正的代表。不仅如此，城隍神还肩负着掌管亡灵的重责。人在去世以后，其生前的良善或者罪恶，都会由城隍神作出最终的审判。那些生前行善的人来世会获得财富或者禄位。相反，那些生前作恶的人，来世常常不会再托生成人。

民众对城隍神的祭祀由来已久。早在魏晋南北朝时期，就有了祭祀城隍神的明确记载。《北齐书》就披露过这样的事实："城中先有神祠一所，俗号城隍神，公私每于祈祷。"隋唐时期，城隍祭祀已经盛行于江南。晚唐时期，城隍信仰扩大到北方。元朝以后，城隍祭祀在地域分布上更加广泛，逐渐从城市扩展至集镇，以至于无论是大城市还是小城镇，皆有城隍庙，都祭祀城隍神。

明朝以后，民间对城隍神的祭祀形式多样，热闹异常。一般来说，民众对城隍神的祭祀主要分为两种：一是到城隍庙进香，二是清明节、上元节举行城隍出巡仪式。城隍出巡之时，要乘坐八抬大轿。在出巡的队伍中，还有马僮、打扇、悬灯以及扮演罪人、判官的人。因此，一般城隍庙内都有两尊城隍：一座是泥塑的、固定的，供于庙前；一座是木雕的、活动的，可以抬走出巡。在一些地区，城隍出巡之时，民众不但要对城隍进行隆重祭祀，还要请僧人、道士诵经，祭祀孤魂野鬼。

此外，各地有关城隍神的民间传说很多。某些地区，城隍神疾恶如仇、为民除害的故事在民间亦流传颇广。这也是现实生活在民间信仰中的某种投射。城隍神若无法满足民众的善良心愿，往往也会受到严厉的惩罚。在河南焦作，城隍神就曾因执法不公而被愤怒的民众推歪而没有办法端坐。在民间举行的"城隍出巡"的仪式中，也时常有人扮演鬼魅和囚徒，做出各式各样嘲弄地方官吏的举动。在乾隆年间，对城隍神不恭的种种行为遭到了官方的禁止。

近代以来，民众对城隍神的祭祀活动仍在继续。据《满铁调查报告》记载，在华北广大地区，家里若是有人逝世，亲人就要向城隍神报告。城隍神派判官前来调查。因为死人的事不能出差错，所以判官一定要带着账簿（生死簿——上面写着人的生死年限）来确认。此外，举凡祈雨求晴、招福禳灾诸事，人们也都会祭告城隍神。然而，由于这一时期社会动荡，城隍信仰在某些地区也难免衰落。以河北省顺义县（今北京市顺义区）为例，抗战后城隍庙一年举办三次庙会，分别是在正月十五、四月二十七、七月初七。每次庙会的会期是三天，祭祀的形式和过程也比较简单。

 山有山神、水有水神、火有火神

在古代，人们普遍相信，山是众神活动的舞台。山的各种自然属性及其衍生出来的各种现象，更使人们产生敬畏之情，山神崇拜由此形成。一开始，山神多为怪兽的形象。如《山海经·南山经》中所载："其神状皆鸟身而龙首。"自周朝以来，人们以"五岳"为各位山神的典型代表。

东岳，又称泰山府君、东岳大帝。据民间传说，该神在五岳中居于首位，主宰幽冥十八层地狱，以及人的生死贵贱。此外，东岳还配备七十二司和诸子，分管众务。

南岳，在西汉时期主要指安徽的天柱山。唐朝之后所谓南岳，则为湖南的衡山。南岳神的具体形象是伯益、崇黑虎以及明代大臣茹瓓等。其具体职司乃主世界分野之地，兼管鳞甲水族。

西岳，又名华山神君。在唐宋时期受到人们的普遍推崇。唐玄宗封其为金天王，宋代封为金天顺圣帝。华山神君主司世界金银铜铁五金之属，兼羽毛飞禽。民间传说华山神君有子华山郎、女华山三娘。

北岳神又名恒山神君，主司江河湖海。

中岳神，又名崇山君神、崇高神君。唐朝封为中天王，元朝封为天崇圣大帝。其形象为人面三首，半人半兽，主司土地山川陵谷，兼牛羊食稻。

民间对五岳的祭祀，商周时期就有了。西汉时期，民众对五岳的祭祀开始成型。由于人们认定五岳有通天地、兴风雨、主万物生长等功能，所以庙祀五岳的典礼被历代沿袭下来。

在民众的心目中，东岳大帝的主要功能是驱逐鬼魅。这种观念始于汉朝。流传颇广的汉乐府诗《薤露》、《蒿里》等就流露出人的魂魄归于泰山等观念。随着时代的发展，东岳大帝的职司不断扩大，开始掌握现实人生的命运。正因为东岳大帝是一位有求必应的神灵，所以得到中国各地普通民众的祭拜，并蔚然成风。每年农历三月二十八日东岳大帝神诞时，各种祝祷活动十分隆重。其香火之盛，为众多山神祭祀所难以企及。

唐宋年间，由于统治者的提倡，华山信仰逐渐受到民众的推崇，并由此衍生出众多神话传说。这些神话传说反映了华山神的主要功能是预知人生命运。然而，随着政治中心的东移，华山神信仰也一度衰落。除此之外，因为南岳、北岳、中岳之神多具有上述功能，所以得到民众虔诚祭拜的庙宇亦十分普遍，且香火不断。

除五岳神之外，其他山神信仰在各地普通民众中亦十分普遍。试举两例：

三茅真君为汉朝修道成仙的茅盈、茅固、茅衷三兄弟。早在汉朝，陕西咸阳的茅氏三兄弟，即长兄茅盈、二弟茅固、三弟茅衷，均看破红尘，留在山上过隐居的生活。他们修道养性，采药炼丹，济世救人。天长日久，茅氏三兄弟终成正果，名列仙班。后人因此建三茅道观，称他们为"三茅真人"，称山为"三茅山"。慕名来此学道者、求医者，不绝于途。其时，江南句容一带，瘟疫流行，闻江北茅山有三茅真人道法高超，医术高明，能治百病，便不畏艰难前来，请求诊治。于是，三茅真人欣然前往，居于句曲山华阳洞。经真人救治而病愈者达数百人之多。三茅真君仙逝后，人们踊跃捐资，建庙宇于山巅，塑雕像以供民众奉祀。人们进香多是在农历正月至三月，即是大茅君得道的时日。这段时间也是民众进香的高潮期。

"三山国王"主要是粤东地区及台湾地区的潮州籍民众所供奉的山神。三山国王起源于"三位神人镇三山"的神话故事，三座山分别是独山、明山、巾山，相传有三位神人住在其中，镇守三山，后来演变为三山国王。三山国王是当地的山神，其职能为禳灾纳福。

潮州人对三山神普遍顶礼膜拜，每年都要定期举办祭祀三山神的仪式。各王的封号及神诞日分别为：独山惠威宏应丰国王是农历三月十六日；巾山助政明肃宁国王是农历二月二十八日；明山清化盛德报国王是农历三月二十四日。此外，每年农历二月二十五日为"国王生"，到当地庙宇隆重祭拜的民众络绎不绝。春节游神时，三山国王的神像也被民众抬着出巡。明清以来，随着粤东民众的迁徙，三山国王信仰被带往邻近省市，后来又漂洋过海，传到台湾及东南亚的一些地区。

除此之外，某些普通民众还尊长期栖息于山林中的动物为山神。以东北地区为例，山中居民多称老虎为山神爷，并立庙祭祀。不仅如此，山神崇拜还有大量的衍生形式，其中的典型代表就是对泰山石敢当的崇拜。泰山石敢当又名石将军、石丈夫。关于石敢当的起源，人们的看法并不一致。有人认为是来自于五代勇士石敢当，也有人认为是一种灵物崇拜。为了借助神力达到驱邪避祸的目的，人们在房前、院外、村口或路旁立一石牌。石牌多为长条形或为人形，上镌"石敢当"或"泰山石敢当"。在山东各地，泰山石敢当还多被用于镇宅。而在与山东毗邻的河北广大地区，石敢当也被赋予上述功能。此外，在四川地区的民间社会，石敢当信仰也有所体现。一般人家多于门中钉上一虎头匾，写有"泰山石敢当"几个字，用来辟邪。

除石神外，洞神信仰在中国的一些地区也颇为流行。一般来讲，洞神信仰属于原始自然崇拜的一种。

由于岩洞神秘莫测，人们便认为其中有神灵主宰，洞神由此而产生。然而，人们对洞神的崇拜一直停留在原始形制阶段，即对岩洞本身的崇拜。

水神则是人们对掌管水域之神的泛称。《山海经》就言及："朝阳之谷，神曰天昊，是为水伯。"它的形象是半人半兽，"八首八面，八足八尾，皆青黄"。后来，随着水神的不断增加，逐渐形成包括河神、江神、海神、潮神等在内的神灵体系。其基本功能无非是主宰全国各地的江河湖海以及农业收成的丰歉。

最初的河神崇拜指的是人们对掌管河水的各种神灵的信仰。此后，人们逐渐将河神人格化。东周时期，生活在中原地区的民众称河神为"河伯"。"河伯"初为国君之称，战国后，人们认为河伯是白龙、大鱼、人面鱼身。随着黄河地位的上升，四渎逐渐成为河神的代表。所谓四渎，包括江、河、淮、济，其命名与天象有着密切的联系。据《晋书·天文志》记载："东井南垣之东四星曰四渎，江、河、淮、济之精也。"历代对四渎之神均有定期祭祀的礼仪。明清之际，民众又进一步将河神人格化，称金龙四大王和黄大王为河神。"金龙四大王"指的是南宋抗元义士谢绪。其赴难后，被奉为河神。清朝统治者又将他尊为运河神。黄大王本为明末清初的治水专家黄守才。他生性好水，后成为知名的治水专家。为了感谢他的恩德，民众奉其为神。

除黄河流域外，河神信仰在长江流域也十分普遍。如长江上游的一些地区以奇相为河神。长江中游则称河神为湘君、湘夫人等。明代又出现了以屈原为河神的信仰。此外，河神信仰在东南沿海水系发达的地方也比较发达。福建地区把河神称为"拿公、拿婆"。相传宋朝末年的时候，福建地区瘟疫流行。有一个名叫卜福的人在夜间外出，见有人奉瘟神之命向井中投掷瘟毒，便自吞毒丸，牺牲自己，以警醒其他人。其妻闻讯赶来，抱头大哭，也被毒气熏死。因二人皆为拿口人，故被人们称为拿公、拿婆。此后，福建人便将拿公、拿婆作为河神来祭祀。福州大庙山有拿公庙，三保一带也建有拿公楼，专门供奉拿公。旧时，每年的农历五月十六，民间还为拿公举行盛大的巡游和祭祀仪式。

海神信仰起初指的是对掌管海洋的神灵崇拜。后来，人们也逐渐将海神人格化。在早期的民间传说中，海神为黄帝的子孙，人面鸟身。据《山海经》记载，海神的名字是禺虢，是黄帝的子孙。他生下来后便远赴东海，成为海神。到了汉朝，又出现"四海神君"之说：以祝融为南海之神，句芒为东海之神，玄冥为北海之神，蓐收为西海之神。其主要功能是为人们指明方位。宋元两朝之后，中国的海上交通有了极大发展，海神也逐渐被赋予新的职能。其中的典型代表便是四海龙王。他们本是奉玉帝之命掌管海洋的四位神仙。他们之中，东海龙王敖广为大，其次是南海龙王敖钦、北海龙王敖顺、西海龙王敖润。他们的职责是管理海洋中的生灵，在人间司风管雨。除此之外，一些女神也被民众当做海神祭拜，如天后、三婆婆（三

27

美人）等。后来，一些地方性海神也随之出现，如泉州海神、盐官州海神、烟台海神等。在台湾地区，出海之人所祭拜的神祇主要有以下五位：大禹、伍子胥、屈原、王勃、李白。

潮神指主宰海潮之神，是由水神和海神派生而来。潮神崇拜缘于人们对潮汐本身及其变化的信仰。后来，潮神在民间也逐渐被确定下来，并被人格化。最早的潮神是伍子胥。相传吴王夫差杀死伍子胥之后，将其尸体煮烂，投入江中。伍子胥不甘受辱，便在海中兴风作浪。人们为保一方平安，便将其奉为潮神。有关民众对伍子胥的祭祀情况，正如《古今图书集成》中所说："一乡一里，必有祠庙焉……有为伍员庙之神像也，五分其髯，谓之五髭须神。"明清以后，部分地区的人们还将杜十娘作为伍子胥的配偶。此外，在民间被奉为潮神的还有十二潮神、晏公爷爷、肖公爷爷等。明代以后，晏公爷爷和肖公爷爷合二为一，成为平浪侯，主司平定海浪，保护行船安全。

由于火对普通民众的生产、生活有重要影响，特别是具有照明和烹饪等功用，因此火神崇拜也比较普遍地存在于中国的广大城乡。最初，火神就来源于自然界中出现的火或者是人们钻木取得的火，后来人们逐渐将其人格化。一般来讲，民间传说中的祝融、帝喾均被视为火神。据《史记》记载："重黎为帝喾高辛居火正，甚有功，能光融天下，帝喾命曰祝融。"不仅如此，火神还包括火祖燧人帝君、火德星君、炎帝、阙伯等。

生活在不同地域的中国民众对火神信仰的表达方式也并不完全相同，可谓各具特色。在河南商丘，每年正月都要举行火神节，普通民众纷纷奔赴火神庙祭祀阏伯。旧时，在山东济宁，人们建立了许多火神社，将香客一批一批地组织起来并且都要于此日进庙烧香，上供磕头，舍给和尚香钱。在每年腊月二十日前后，该庙和尚又挨门逐户收敛各家的香钱、灯油钱，还要以黄表纸二张，写上"祈福保安"四字，每年要写一两千份，作为结缘品，送出去之后才可以。此外，在山西乡村中也多有火神庙。值得注意的是，一些地区的普通民众甚至将火神和灶神混为一谈，不加分辨，予以祭拜。

 动物、植物亦有神

作为对自然崇拜的重要组成部分，动植物神崇拜在中国民间信仰中也占有独特的位置。一般来讲，民众崇拜动植物神灵的主要动机来自以下几个方面：一是对生命力的追求。他们悉心观察花鸟鱼虫、飞禽走兽的生命消长，目的就在于从它们的身上吸取生命力，借以满足人们追求人丁兴旺、六畜兴盛的愿望。二是"物我一体"的二元论宇宙观。在中国民众的眼中，万物既是同源，又是一体。他们深信这些动植物长久吸取日月之精华，因而有神灵蕴于其中，从而可以保佑人的平安顺利。三是对吉祥如意的向往。由于中国民众长期生活在农业社会之中，靠天吃饭，因此，面对难以预测的大自然，需要某种或多种超自然的力量，护佑自己平凡的生活。他们为了追求长命百岁、多子多福、平安顺随，常常将一些动植物奉为神灵，加以祭拜。

动物崇拜是普通民众对某些被赋予超自然力量的动物所进行的顶礼膜拜。在中国各地流行的原始动物崇拜中，鸟类崇拜无疑占据极为重要的位置。一般来讲，某些鸟被人们赋予呼风唤雨，为人类带来幸福和安宁的神能。例如，鹤就被民众视为一种仙鸟。在神话传说中，鹤能把人类护送升天，并使其长生不老。在某些地方，乌鸦则被民众看成是预言家，能报告未来的祸福吉凶。正是由于鸟类被赋予上述属性，祭拜鸟类的活动在中国民间就越发普及起来。在不同地区，鸟所承载的寓意不尽相同，得到民众的喜恶也大相径庭。李时珍在《本草纲目》中说："北人喜鸦恶鹊，南人喜鹊恶鸦。""药圣"此说未必能够得到北方人的赞同，因为身为北方人的我们也是喜鹊恶鸦的，但是这却揭示出各地民众的好恶确实存在一定差异的事实。古人有言："牝鸡无晨；牝鸡之晨，惟家之索。"可以说，鸡被赋予了某种象征意义，进行性别解说，用以昭示祸福。

兔神也是民众虔诚祭拜的主要动物神灵之一。最初，兔神崇拜属于自然崇拜的范畴。后来，它开始被赋予一定的人格属性，多被民众称为"兔儿爷"或"兔子王"。旧时，在北京，每年临近中秋的时候，当地心灵手巧的手工艺人就要用黄土制作出各式各样兔

儿爷的塑像，拿到市场上去出售。兔儿爷的形象变化
万千，"有衣冠而张盖者，有甲胄而带寿旗者，有骑虎
者，有默坐者"。规格也不一样，"大者三尺，小者尺
余"。由于兔神信仰与嫦娥奔月的古老传说有一定的联
系，因此每年农历八月十五，一些家庭会给兔神上供。
当日，各家置月宫符像，陈瓜果于庭，制作绘有月宫
蟾兔图案的糕点，人神共享。

虎神崇拜在古代也极受社会各界人士的重视。商周
时期，在青铜器、玉器、兵器上多饰有虎纹。人们普遍
认为其能保护农业生产，防治兽害。因此，虎神信仰在
民间进一步普及，成为"八蜡之祭"中的重要内容。故
而，虎神祭祀在民间信仰活动中占有特殊的位置。

鱼神崇拜也是重要的原始自然崇拜。在西安半坡
出土的彩陶上就有不少鱼纹图案，其影响延续至今。
后来人们一直将鱼视为吉祥、富足的象征，纳入语言
和图画之中。在一些流传极广的图画里，鱼就被放在
画面的主要位置。例如，著名的杨柳青年画"连年有
鱼（余）"即是如此。

羊是中国民众最早饲养的家畜之一，在古代经济
生活中占有重要地位。因此，它也成了人们崇拜的对
象。在古代青铜器中，常有以羊为图案者，如著名的
四羊方尊。此外，羊骨在一些地区还是重要的占卜器
具。在汉语中，羊同"祥"，这说明它是吉祥之物。

在传统时代，马是重要的交通工具。因此马神也
受到了普通民众的祭拜。马神又称马王、马祖。人们
将其神化的目的在于赋予其更多意涵，一是祭祀马的

祖先，促进马的繁殖；二是让马更好地为人类服务。起初，马神的形象就是马本身，此后被赋予人格化的某些属性。因而马神又有马神将军、白马元帅等不同称谓。在中国，马神崇拜由来已久。旧时，人们在运送货物时，必先祭拜马祖。正如《尔雅》所说："'既伯既祷'，马祭也。"自周代起，历代民众皆有祭马之礼，很多地区还建有马神庙，祭祀马神。

为了起到禳灾驱邪的作用，民众普遍相信某些动物可以修炼成精。一旦成精，这些动物便通人性，既可以助人，也会祟人，因此人们必须十分小心地加以对待。其中最为常见的莫过于狐狸崇拜了。民众一般称狐狸为"狐仙"、"狐老爷"。对它的要求，人们要尽量予以满足，以便得到它的酬谢和关照，避免受到它的骚扰、侵害。例如，若是大年三十包好的饺子忽然不见了，大家都会说这是得罪了狐仙，将饺子搬去了。当正常人突然神经错乱、言行失去常态，大哭大闹、胡言乱语时，普通民众常常认为这是狐仙附体了。于是，人们就会烧香焚纸，拜送狐仙，并仔细检讨自己有什么地方得罪了它，以便及时采取补救措施。人们不敢伤害狐狸，反而祈求它能够为人降福消灾。许多妇女遇到烦难就到狐狸经常出没的地方进香许愿。一些古建筑遗址、古树木残骸周围的洞穴，均被人们看成是狐狸经常光顾的地方，也是祭拜最灵验的地方。这些地方经常是香火不断，供品满地。偶有应验，人们还要还愿，或送小衣服、小鞋，或供油条、馒头、糕点，或挂旗、挂红。

黄鼬又称黄鼠狼。人们称之为"黄仙"、"老黄家"。民众对它的信奉有些类似于狐狸。刺猬、老鼠等也都被看做神虫，或称"圣虫"。人们普遍认为伤害这些神虫对自己是不利的，只能虔诚加以供奉。在天津，有关刺猬和老鼠的崇拜异常盛行，其中还有不少有趣的传说。例如，旧时，有位信士大弟子到海光寺烧香求佛，并在佛前毕恭毕敬地摆放了一些供果。不料一夜的工夫，这些供果全都不翼而飞。这位信士弟子纳闷，向该寺住持问询，住持不明究竟，双方发生争执。住持为表明心迹，便于夜间在佛前烧香念咒，诉说满腹冤枉。天亮时，佛前两边蜡台上，出现了一个刺猬和一只老鼠，好像是负荆请罪似地死在蜡台上。大家于是终于明白，佛前供果一定是刺猬、老鼠吃去了。那天恰巧是正月十五。从此以后，每年正月十五之前，人们就要用面粉蒸制刺猬、老鼠作为上供的点缀品，刺猬、老鼠的身上还驮着元宝。久而久之形成这样的风俗习惯：正月十四这一天，人们把面制的刺猬、老鼠供奉到神佛面前。初上供时，要把刺猬和老鼠的脸朝外，等到烧香祭拜以后，再把刺猬和老鼠的脸掉转朝里，表示刺猬、老鼠已经把金银元宝驮回家了。

植物神崇拜泛指民众对各种植物的崇拜和祭祀。由于树同人类生活的关系极为密切，因此，在上古时期，树神也成了重要的植物神。其典型代表就是桃树。据说桃木有镇邪驱鬼的作用。古人在辞旧迎新之际，多于桃木板上分别画有"神荼"、"郁垒"二神的图像，悬挂于门首，意在防止恶鬼侵入，满足普通民众祈福祛祸的意愿。不仅如此，桃树的果实还是长寿的象征。所以人们在为老人举行祝寿庆典时，时常以面制和纸画的寿桃作为贺礼。民众还普遍认为，柳树的树枝是驱邪镇宅的利器，因此，某些地区的普通民众往往会在门楣的八卦牌底座上放置柳枝，旨在驱邪纳福。除桃、柳外，还有不少地区的普通民众以榕树为崇拜对象，甚至专门建庙予以供奉。以台湾嘉义县东石乡为例，其主要庙宇庆福宫所祭祀的主神便是老榕树，民间亦称其为"王爷"。在当地的民间传说中，若有人折伤这棵大榕树的枝，便会害上重病。此外，台北万古圣公庙的主神也是一棵老榕树。

苗神又称禾神、谷神。在远古时期的民间传说中，有很多是关于稻谷的。凡是稻谷收成不好时，人们就认定这是谷神在作祟。因此，在农耕地区，祭祀谷神的活动十分普遍。祭礼仪式一般都是在每年播种、栽秧、生长、秋收、入仓等生产活动的过程中来进行的。谷神祭祀或是合祀，或是单一祭祀其中的某种神。一般来讲，春天，农民向谷神祈祷丰收；秋天，他们则向其表达谢意，此为"春收秋报"。平日，他们也会向谷神提出各种请求，祈求护佑。此外，在一些地区，民众对谷神的祭祀还与收成的贩售价格扯上关系。以四川成都为例，旧时，每年正月二十为谷神诞辰日。这天，民众以天气的阴晴来断定这一年的米价行情。正所谓"正月二十晴，米价颠倒行；正月二十雨，米价渐渐起。"

青苗神是掌管青苗稼穑之神。祭祀青苗神的目的是使庄稼苗壮成长，免受各种灾害的侵袭，得到好收成。在中国的大部分地区，青苗神并无专庙，而是在土地庙中作为配神得到祭祀。其祭期并不完全一致，可以是在庄稼茂盛之时，也可以在其他时间进行。青苗会起源于 19 世纪初，最初只是临时的看青组织，后来该组织的成员共同成立了"青苗胜会"，以便在庄稼收获后演戏酬神。而在组织村落祭祀、修建庙宇的过程中，青苗会逐渐走向成熟，并将重要的信仰活动传播到中国的大江南北、黄河两岸。旧时，在中国大部分地区，"青苗胜会"于每年农历六月初六举办。这一天，农民用丰富的供品祭祀土地神和青苗神，并在土地庙畅饮，祈求庄稼丰收。辽宁地区的"青苗胜会"于每年农历六月十四日至六月二十日进行。在此期间，各村派一至二人来到土地庙，组织村民准备供品。村民们聚集在一起后，先由组织者上香进贡，同时燃放鞭炮，祭拜神仙。此后，村民们饱餐一顿，此为"吃青苗会"。苏北地区举办"青苗胜会"的具体时间是每年农历六月十六日。当天，各家拎着供品来到田埂边，插上两面黄旗子，摆上供品，以祭祀青苗神，祈求田禾茂盛、五谷丰登。

二 崇祖敬宗、世代传承
——祖先崇拜

对以家庭为本位的中国社会来说，"敬天法祖"观念早已为广大普通民众所接受，甚至衍变为极为重要的中国文化传统。正是由于中国民众将个体生命看做家庭与家族生命的一部分，所以祖先崇拜成为了中国民间信仰独具特色的精神内核。在浓厚的亲情氛围中，普通民众将孝、悌等伦理规范与对祖先的祭祀活动有机地结合在一起，形成了比较严密的信仰体系。在中国民众的心目中，祖先虽然已经故去，但是仍然左右着他们的命运。由于社会关系的纵向传递和横向组合，中国民众的祖先崇拜也出现了进一步扩大的趋势，主要表现在对中华民族共同祖先的崇拜以及对行业祖师的尊崇等方面。

 报本还根——始祖崇拜

报本还根的传统一直影响着中国民众。在这种观念的支配下，他们开始不停地探寻和祭拜创造自身的始祖，不停地重复着与祖辈、父辈并无二致的行为。然而，并不是所有逝去的祖先都可以享受始祖神般的祭祀和崇拜。只有那些具有创世之功的古代英雄豪杰才有资格作为全民族共同祖先进入民众的信仰系统，接受后辈子孙的共同奉祀。需要指出的是，这些才智超群的人物无不被赋予某种神力，成为神奇动人的故事、传说之主角，并在民众中代代相传，终于成为广大普通民众虔诚祭拜的神灵。

盘古神，又称盘古三郎神，是神话传说中开天辟地的英雄。相传远古时期，天地混沌得犹如鸡蛋一般。有个叫做盘古的巨人在这个"大鸡蛋"中一直酣睡了约18000年后终于醒来，凭借自己的神力将天地开辟出来。其中阳清者为天，阴浊者为地。他的左眼变成了太阳，右眼变成了月亮；头发和胡须变成了夜空的星星；他的身体变成了雄伟的山脉；血液变成了江河；牙齿、骨骼和骨髓变成了地下矿藏；皮肤和汗毛变成了大地上的草木；汗水变成了雨露。他死后的精灵魂魄则变成了人类。因此，各地普通民众认为盘古是"天地万物之祖"，纷纷建立盘古庙、盘古祠。在广陵地区，甚至还出现了盘古冢。在河北省青县既有盘古庙、盘古广场，更有以盘古为依托而形成的"梨花节"活动。在一些地区流传的神话传说中，盘古还经历了由兽到人的变化过程。相传有一位老妇人患了十分严重的耳病，医生为她医治的时候，从耳朵里面取出了一条金虫，后变为名犬盘瓠。当时戎吴作乱，盘古取戎吴将军的首级，献于帝喾，自己于是也就变成了兽

37

首人身的形象。他娶了帝喾之女，生养了六男六女。

伏羲，被民众普遍称作"人祖"，也是中华民族的远古祖先神之一。在古代神话传说中，伏羲是一位了不起的英雄。首先，他是一位生产能手、发明家。他不仅教会人们结网捕鱼，还是取火和熟食的发明者。其次，他还是远古时期重要的部落首领。据《汉书》记载，伏羲"继天而王，为民众先"。再次，伏羲身上既有人性，又有神性，是人与神交往的媒介。他除能通神、请神外，还可以从事占卜等活动。

在河南南阳出土的汉墓石刻画像，以及四川、山东等地出土的汉代石棺画像都证实了中国民众有把伏羲尊为始祖神的习惯。他们对伏羲的祭祀一直延续至今。在中国，现有规模较大的伏羲庙三处、伏羲台一处，分别位于河南淮阳、甘肃天水和河北新乐。其中以河南淮阳的太昊陵规模最为宏大。它始建于春秋，完善于盛唐，增制于明清。每逢初春时节，周围五省数百县市民众云集进香，日均20万人，历时一个月。此外，农历每月初一、十五，当地均举办规模盛大的庙会。据考证，河南淮阳伏羲庙会是中国现今规模最大的民间庙会之一。在庙会上，人们尊伏羲为"人祖爷"，称女娲为"人祖奶奶"，并虔诚叩拜。进香者要带来一把家乡的泥土洒在伏羲陵前，祈求祖宗保佑香火不断、子孙兴旺。除此之外，一些庙会的参与者还制作了大量的神偶——人祖，供人们购买。人们认为若将这种人祖赠予儿童和亲友，可以使其消灾祛病，吉祥平安。

在陕西临潼骊山，未曾生育的妇女在祭祀伏羲的时候往往还带着床单，怀揣一个布娃娃，上山祈求人祖保佑，孕育新生命。祈祷之后，她们不是立即回家就寝而是夜宿林中。附近村庄的男子晚饭之后也上山，遇到合适的夜宿女性即行同居。此外，当地人还跳一种名为"担花篮"的舞蹈。跳舞者必须极力使身后的纱布飘带彼此缠绕，模仿伏羲与女娲交媾的情形。

炎帝又称赤帝、烈山氏，约4000多年前生于姜水沿岸，是神农氏的部族首领。在统治期间，他与黄帝结盟，逐渐形成、壮大了华夏民族，为华夏子孙的生存与发展作出了重要的贡献，如发明农业、商业、纺织业，制作乐器、弓箭等。古往今来，炎帝也受到了普通民众的景仰。炎帝陵和炎帝庙位于今湖南省株洲市，其历经数代，依然香火不断。此外，山西上党地区的炎帝信仰传播得也相当广泛，主要集中在羊头山和百谷山一带。咸丰十一年（1861年）以后流传开来的《排神簿》，其中就屡次出现炎帝的神位。

黄帝又称有熊氏、轩辕氏，是神话传说中华夏族的部落首领。他姓姬，是炎黄部落联盟的组织者。他一生中曾指挥过许多重大战役，如败炎帝、战蚩尤等，终于被推举为炎黄部落首领。此外，在民间传说中，黄帝还是宫室、蚕丝、医药、历法、音律等的发明者，或作出重要贡献者。因此，后人使其成为黄帝部落首领和神灵的双重象征。此后，黄帝的地位不断提升，成为中华民族的人文始祖。

民众对黄帝的信仰具有比较丰富的内涵：一是祖

先崇拜。黄帝既唤起了中华民族对自身发展历史的集体记忆，又承载了中国人对祖先生养教化恩情的感怀。二是英雄崇拜。作为中华民族的远古英雄，黄帝的伟大在于建立了赫赫战功，表现出超凡的领导才能。此外，在漫长的历史发展进程中黄帝的子孙同样英雄辈出。正因为如此，炎黄子孙对黄帝所创立的丰功伟绩格外骄傲和自豪。三是圣人崇拜。随着儒家思想向各阶层的广泛扩张，人们同样在黄帝的身上找寻到很多超越时空的闪光之处。因为，黄帝具人德，行教化，沟通天地人事，他的统治似乎正是儒者心目中完美政治的体现。这使得黄帝又多了一些圣人的光芒。

黄帝备受推崇，代享厚祀。黄帝祭拜不仅与民众的生活息息相关，更成为中华民族凝聚力的象征。在古代，黄帝信仰经历了由官方而民间的发展过程，至今仍然是官民同祭。一般来说，中国黄帝祭祀的历史最早可以追溯至先秦时期。尽管当时黄帝仅是四位天帝之一，但是统治者已经按照时序对其进行隆重的祭祀。黄帝祭祀的规格较高，祭祀音乐选用的是皇帝祭祀先祖的大乐。秦汉魏晋南北朝时期，黄帝祭祀仍然属于君主祭天的范畴，祭祀礼仪得到了进一步的完善。例如祭祀时，全国上下都要斋戒。唐朝以后，官方在长安附近为黄帝等始祖设五帝庙的同时，民间也广设黄帝祠、黄帝庙。宋元以后，黄帝祭祀的规格进一步提高。明清时期，皇帝要定期赴黄帝陵祭祀。在民间，黄帝陵、黄帝庙的香火也持续不断。

近代以来，中国处于几千年未有的大变局之中，中国民众对黄帝的崇拜具有了新的时代特点。人们将黄帝视为中华民族的象征，虔诚祭拜，借以增强中华民族独立自强的信心。在抗战前夕，为唤起普通民众的爱国情操，国民政府也曾于1935年组织了大规模祭祀黄帝的活动。1937年，国共合作联合抗日以后，国共两党代表也曾共祭黄帝，以彰显全民族联合起来共同抗击日本侵略者的决心。抗战胜利之后，国民政府要员也曾多次赴黄帝陵祭拜。中华人民共和国成立后，民众对黄帝的祭祀规模进一步扩大，逐渐形成清明节公祭、重阳节民祭的传统。其祭祀礼仪也体现出鲜明的时代特征。祭祀的仪程是：全体肃立；主祭人、陪祭人就位；奏古乐；敬献花圈、花篮；行三鞠躬礼；恭读祭文；讲话；鸣放鞭炮，绕陵一周；留影；植纪念树。

当今，黄帝信仰已经成为具有双重意义的祖先崇拜。一方面，黄帝是中华民族的共同祖先，华夏族正是在以其为中心的早期族系联盟的基础上发展壮大起来的。另一方面，黄帝创造了灿烂的华夏文明，并在漫长的历史长河中产生深远的影响。黄帝同样是中华民族的人文始祖，使中华民族的传统美德不断发扬光大，不断增强民族的凝聚力。

祝融，又作祝颂、祝和。据《山海经》记载，祝融的居所是南方的尽头，是他传下了火种，并教授人类使用火的方法。另一说祝融为颛顼帝孙重黎，高辛氏火正之官，黄帝赐他姓"祝融氏"。相传其兽身人面，乘两龙。祝融的后裔分为八姓，即己、董、彭、秃、妘、曹、斟、芈，史书称为"祝融八姓"。在一些民间传说中，祝融也被尊为南海之神。从唐朝开始，广州黄埔区庙头村的南海神庙便香火鼎盛，至今它依然是保存最完整、规模最大的祝融祭祀建筑群。

共工为黄帝的水官，具有人面、蛇身、朱发等身体特征。据《淮南子》记载，他曾与颛顼争夺帝位，失败后，怒撞不周山，造成洪水泛滥，斗转星移。因而在一些地区，人们也将其当做水神来崇拜。

颛顼号高阳氏，是炎黄部落的重要首领之一。相传其为黄帝的后代，能乘龙游四海。在统治期间，颛顼极其重视农业生产，强调人事治理，还曾击败过共工。因此，颛顼死后被民众奉为神灵，位列五帝之一。《论衡·解除篇》上说，颛顼有三个儿子，一生下来就都死了，并且变成鬼。一个居住在长江成为虐鬼，一个居住在若水成为魍魉，一个居住在小屋角落之间专门用疫病害人。所以每当年终忙完自己手上的活计，人们就要想方设法驱逐疫鬼，借以送旧、迎新、纳吉。

每年农历三月十八为颛顼诞辰之日，这一天各地均要举行大规模的祭祀活动。这种风俗习惯一直延续至今。在祭祀活动中，还有人专门撰写祭文，以歌颂颛顼的丰功伟绩："颛顼高阳，黄帝之孙。辅佐少昊，克绍轩皇。道德方正，智慧渊静。绝地天通，人神分疆。任地养材，肇始农耕。象天载时，历法制创。尊卑有序，男女有别。婚姻礼仪，父系滥觞……"

唐尧又称尧，是陶唐部落的首领，后成为炎黄部落联盟的首领。他原先居住于冀方，后迁往平阳。作为一名杰出的古代统治者，唐尧的主要贡献在于：其一，他曾设专职天文官，掌管历法。其二，他曾命大禹治水，发展生产。《孟子》曰："禹疏九河，瀹济漯而注诸海，决汝汉、排泗淮而注之江。然后中国可得而食也。"其三，他出兵四方，使四海一家。《墨子》云："古者尧治天下，南抚交趾，北降幽都，东西至日所出入，莫不宾服。"尧死后，传位于舜。也有些典籍说舜夺位而成王。《古本竹书纪年辑校订补》中说："尧之末年，德衰，为舜所囚。"

虞舜名重华，史称舜，是传说中有虞氏部落的首领，后成为炎黄部落联盟的首领。他最初居于虞，后势力不断扩张。尧年老时将其立为继承人，治理天下政务，管理民众。舜即位后，选拔各部落人才充任百官，除治理民众外，还对外征伐，先后征服三苗、肃慎等。舜在晚年将王位禅让给大禹。但也有传说表明，舜晚年后被大禹放逐，死于南方的苍梧。舜死后，被民众奉为神，对其的祭祀活动一直延续至今。以山西贾村为例，赛社的《排神簿》中多有"有虞舜帝尊神"等尊位。

少昊，号金天氏，传说中东夷族的部落首领。在统治期间，他在弓箭的改造和征战方面均有所作为，为后人景仰。

与部落、民族形成息息相关的动植物崇拜也逐渐演化为具有象征意义的图腾崇拜。"图腾"一词来源于印第安语"totem"，意思为"它的亲属"、"它的标记"。图腾崇拜既是表达民族认同、文化认同的重要手段，也是具有浓厚宗教色彩的信仰活动。因而，民众对成为本民族图腾的动植物产生了异乎寻常的尊崇和敬畏之情。

图腾崇拜在中国民间信仰发展的历史中也起到了重要的作用。对中国民众来讲，具有典型意义的图腾形象分别是东方的青龙、南方的朱雀、西方的白虎、北方的玄武。关于龙的传说有很多，光是龙的来源，人们就有一些不同的说法。有的人说是由印度传入的，有的人说是东方七宿的总称。在普通民众眼中，龙是神物，也是皇帝的象征、东方的代表。此外，民间还有"龙性淫"的传说，因而又有"龙生九子，各有不同"的说法。明朝李东阳的《怀麓堂集》中说，龙的大儿子是囚牛，平时喜爱音乐，故常被工匠雕刻在琴头上。二儿子是睚眦，平时爱杀戮，所以多被安在兵器上，用以威慑敌军。三儿子是嘲风，乃兽形龙，形状类似于狗。它善于瞭望，故多安放在宫殿屋角上，用以震慑妖魔，消除灾祸。第四子是蒲牢，喜欢吼叫，钟上大多是其形象。第五子是狻猊，形似狮子。狻猊是随着佛教传入中国而声名远播的，因为它喜静不喜动，好坐，喜欢烟火，所以佛教僧侣往往将它安置在佛位上或香炉上，让它为佛门护法。第六子是赑屃，形如龟。相传上古时期，它常背起三山五岳兴风作浪，后被夏禹收服，为夏禹治水立下汗马功劳。后来，中国的石碑多是由它驮着的。第七子是狴犴，形如虎。相传能主持正义、明辨是非，因此被安置在监狱以及官员出巡时"肃静"、"回避"的牌子上端，以示司法公正。第八子是负屃，喜爱文学。第九子是螭吻。相传是在南北朝时期，随着佛教在中国传播而声名大噪。佛经中说它是雨神座下之物，能够灭火，所以人们多将它安放在屋脊两头，以求发挥灭火消灾的功效。

朱雀又称凤凰，是南方七宿的总称。朱为赤色，像火，南方属火，故名凤凰。它是一种美丽的鸟类，凭借着美妙的歌声和秀丽的仪态而为百鸟之王。它不仅拥有"非梧桐不栖，非竹实不食，非醴泉不饮"的高雅追求，而且也能给人们带来祥瑞。随着历史的发展，凤和龙在民间传说中逐渐成为相辅相成的一对。由于龙象征着阳，使原来也有阴阳之分的凤逐渐转化成为阴的代表了。此外，民间还有将燕子比作玄鸟的说法。其依据是《诗经·商颂·玄鸟》："天命玄鸟，降而生商……古帝命武汤，正域彼四方。"后来，玄鸟经历了一个人格化的过程，并演变为九天玄女。仅在北京一地，便有三座九天玄女庙。在南方的许多地区也建有玄女庙。

白虎是二十八宿之中西方七宿的代表，在神话传说中常与龙一起出现。正所谓"云从龙，风从虎"，因此，在墓地和公堂的装饰上，青龙白虎的图案随处可见。白虎具有避邪禳灾、惩恶扬善等多种神力。因而，白虎成为人们心目中的守护神。如《风俗通·祀典》中所言："虎者，阳物，百兽之长也。能执搏挫锐，噬食鬼魅。今人卒得恶遇，烧虎皮饮之。击其爪，亦能辟恶，此其验也。"正因为如此，白虎还充当了一些庙宇的门神。此外，由于白虎是征伐之神，所以有多位历史上的勇猛战将如罗成、薛仁贵等，被说成是白虎星转世。

玄武有时也被称作玄冥。李贤在为《后汉书·王梁传》作注时曾明确指出："玄武，北方之神。"以后，玄冥的含义不断扩大，并成为长生不老的象征。在形态方面，最早的玄武是龟蛇合体的动物神。宋代以后，它开始逐渐人格化，成为掌管北方的大帝，其庙宇遍及全国各地。

此外，麒麟也是中华民族的重要图腾。麒麟的头部似龙，长有双角，身似鹿身，浑身长满鳞甲，尾毛卷须，神态生动，是中国古代瑞兽的典型代表。相传麒麟威武有力，不践生灵，是仁慈和吉祥的象征。此外，民间还有麒麟送子的说法。

② 慎终追远——祭祖

祖先崇拜的出现也经历了不断演变的过程。起初，祖先崇拜的对象是女性。在商、周的创世神话中，仍有女性祖先崇拜的遗迹。例如，商朝的祖先是帝喾次妃简狄吞食鸟卵而生。周朝的始祖相传为契，关于他的降生，更充满传奇色彩。据《诗经》记载，契之母姜嫄因在野外踩了"大人"的足迹而生下他。在这些神话传说中，男性祖先的重要性并没有得到刻意彰显，遂被后人视为母系社会的重要表征。随着宗法制度的日益巩固，民众的祖先崇拜所指的主要是对男性祖先的崇拜。

由于家庭势力日益强大，普通民众对家庭、家族的依赖性越来越强，血缘宗法观念普遍影响他们的行为，对祖先的顶礼膜拜也极为虔诚。在祭祀仪式上，也不断充实，并且制度化。祖先崇拜除包含对逝去亲人的埋葬、祭奠，以及使生者与死者之间保持长久关系的祭祀仪式外，还增加了一些新环节。众所周知，这些仪式既可以在家族的祠堂里，又能够在坟前或灵牌前举行。在仪式上，后辈子孙们一般都会尽其所能，为祖先奉上酒、饭、果品、香烛，把家庭情况禀报先人。如果遇到一些重要的事情，则恭请先人"指点迷津"，遭遇危难的时候，也要请祖先保佑家人平安。在普通民众的眼中，祖先具有超越自然的灵性，能够为后人赐福，满足子孙们的各种现实需要，维护后人的实际利益。因而祖先崇拜不仅可以起到团结家庭成员、巩固族长权力、加强对宗族成员的控制等作用，更能抒发中国普通民众内心深处的宗教情怀。

对中国大多数家庭而言，祖先崇拜的初衷是使远离人世的亲人之灵魂能够得到安宁，并继续保持与家庭、家族的联系，接受子子孙孙的祭祀。因此，为他们举行隆重的丧葬仪式是必不可少的。不少民众还为此竞相攀比，甚至不惜卖房子、卖地，乃至卖自身。

在丧葬仪式等方面，各地普通民众所采取的主要步骤大同小异，并呈现出强烈的趋同性。在亲人生命垂危、弥留之际，家人和好友要为其沐浴更衣，移至灵床。在这个过程中，亲属好友们要用一块白布从梁上搭过来，再用一只白公鸡在其床上拖几下，顺着白布从梁上递到外间屋，在其身边走一圈，将鸡杀死，是为"引魂"。此后，长子抱头，次子抱脚，亲属好友们帮扶，将其抬上灵床。守候身边的儿女和亲属都要"叫魂"，直到其咽气为止。等到其气绝之后，亲属好友们要将备好的冥车、冥马、冥人焚毁，谓之"拖魂"。在这个过程中，亲友还要在尽量短的时间内为其换上寿衣。

如前所述，亲人去世后，家人应立即把死者去世的消息报告给掌管冥界各种事务的阎王爷，此为"报庙"。报庙的地点一般选择在土地庙、五道庙和城隍庙。

接下来的便是为死者出殡。在这之前，死者的亲友们要齐心协力地准备死者在阴间所需要的各种物品以及盘缠，以为这样才能解决死者在生活方面的各种问题，为活着的人带来平安。在河北省定县（今河北省定州市），死者入殓的时候，家人还要为其制作"打狗棒"和"喂狗饼"。据当地民众传说，"是死人的灵魂赴阴曹时，必须经过恶狗村，恐怕狗咬，所以给死人拿着打狗棒和喂狗饼"。在天津等地，起灵前，要将棺木钉死。在出殡当日的黎明时分，家人要移动棺木，此为"迁棺"。随后，送葬开始。一般是由孝子即逝世者的长子将一个瓦盆摔碎，此为"摔盆儿"。在送葬的队伍中，孝子要执幡走在最前面，沿途还要放鞭炮、撒纸钱，以打发冥界的孤魂野鬼。在死者下葬后的第三日，亲属们还要为其举行圆坟礼。他们不但要为其坟培土，还要烧纸钱、上供品。圆坟礼的结束，标志着丧葬仪式基本完结。此后，在一些特定的日期、场合中，亲友们还要对死者进行各种祭奠。

从死者去世之日起，亲人每七天要举行一次焚香烧纸、哭泣祭奠的仪式，用以安慰死者的灵魂。是谓"烧七"。在天津，烧七时，闺女要"送箱子"、"烧包子"。在丧葬仪式上，有些人还要为死者请和尚、道士来念经。一般"头七"是由已经出嫁的闺女送，即"姑奶奶送"。在南方一些地区，对死者的祭祀同样是每七日举行一次。每次，亲友必用巫术请死者灵魂归享。巫在招魂请回死者灵魂的时候，用铃或铙钹以助节奏，口唱"酒白"，用以慰藉死者的灵魂。

此外，人们还需要在死者的忌日、诞辰日，元旦，清明节，农历七月十五、十月初一等日赴祖先坟地，在墓前祭祀祖先。其中以清明节和农历十月初一两大节日最为隆重。在普通民众看来，逝去的祖先在物质和精神方面的需求也和生前大致相同，即使远在冥界也有诸多琐碎的事情需要处理，因此物用、钱用必不可少，仿佛与活在人世间的时候并没有太大的差别。因此，在每年清明节时，民众不论贫富，皆将五色缎子纸、彩幡、锡箔等物在死者的坟前焚烧。他们祭奠死者的供品既有肉食，也有面食。至于鞭炮、香纸，更是无家不备。旧时，在河北省昌黎县侯家营村，还有专门的祭祀组织——坟会。清明节的时候，侯姓的全体人员都要去老坟地。去之前，张罗坟会的人家就开始敲锣了，召集大家一同前往。每年，张罗坟会的人家由人们抓阄产生。每逢农历十月初一，为了不让在冥界的祖先受冻，家家户户还要以五色纸剪成衣裤的形状，装在纸包袱中，上面书写祖先爵秩、名号及年月日，下注"后裔某某谨奉"等文字。一般人家通常将五色纸分为若干份，用于纸束上，分别焚于村口、路边或者自家门前。此为"送寒衣"。

除丧葬仪式外，祠堂内的祭祀活动同样与祖先崇拜有着密不可分的关联。祠祭始于东汉时期。自明朝解除官民祭祖的部分限制后，民间开始大规模兴建祠堂，以至于生活在全国各地的普通民众纷纷建立起祠堂。清朝以后，民众认祖归宗的意识不断加强，祠堂也越来越多地承担起祭祀历代祖先的功能。一般来讲，各个家族祠堂内均供奉着已故的家族创始人、历代男性祖先及其配偶。对家庭成员来讲，在祠堂内举行的祭祖活动还有两层含义：一是促进家族成员之间的联系，增强宗族的凝聚力；二是传承家族文化，增强家族人员彼此之间的认同。因此，它不但是祖先崇拜的延续和发展，而且也是家族整合的一种新方式。

于是，每逢农历正月初一、清明节、端午节、中元节、重阳节、冬至等传统节日，家族成员都会不约而同地聚集在祠堂内，举行祭祖活动。一般来讲，目前南方的祠堂祭祀活动比北方保留得相对完整。以福建为例，在行祭的当日，大家早早起床，穿上盛装。时辰一到，鸣鼓入祠，祭祖仪式开始。由司仪引导族人按照性别、辈分站好。由执事者点上香烛，并摆上供品。司仪引导主祭人洗手。洗毕，司仪高唱"迎神"，开中门，取出祖先牌位。是时，鼓乐齐鸣。主祭人上香，所有人对祖先行古礼。在北方一些地区，祠堂祭祀在民众的信仰生活中也占据十分重要的位置。如在河北省滦县，有宗祠的人家，每年清明节一般都会准备丰富的供品，全家老少按照辈分轮流祭祀祖先。在河南省偃师县（今河南省偃师市），家族有祠堂、祀田者，在祭祖之余，还要合家宴饮。在四川的一些地方，世家大族皆立宗祠，每逢岁时年节都要举办隆重的祭祀活动。有的时候，祠堂祭祀礼仪和祭祀日期甚至会以文字的形式加以详细记载，以求完备、规范。不仅如此，为了表达对祖先的敬仰之情，有些家族会禁止族众在祠堂内做与祭祖无关的事情。族众有损祠堂的各类行为，也都会受到相应的责罚。

此外，修订族谱也是祖先崇拜的重要表达方式之一。起初，修订族谱基本上是巨绅富户的家族行为。进入清朝以后，民间普遍开始编修族谱。人们逐渐意识到，编修族谱对强化宗族意识、增强宗族认同有着不可替代的作用。这主要体现在始祖追思和对祖先的认同上，即慎终追远。

始祖是全体族人共同的生命来源和精神象征，其来历便成为了族谱必须首先解决的问题。因为缺乏足够的资料，对一些家族来讲，解决这一问题是十分困难的。所以，始祖的来历主要是靠家族成员之间的讨论或者以传说、附会的形式加以杜撰。以山西省洪洞县大槐树移民为据例，这种情况在华北地区的族谱中多有体现。在华北地区存留的族谱中，记载其祖先迁自山西洪洞县者不胜枚举。河南省长垣县所撰修的《王氏家谱》中就直言不讳地指出："讳实，晋之洪洞县大王庄也。"又如山东省无棣县永湾乡《牛氏家谱》中还记载了其祖先在洪洞大槐树下分路而迁时砸破大锅，每人拿一块碎铁作纪念，人称"打锅牛"。这种记载在河北省涉县段曲村的《申氏墓碑》中也可以见到。除华北地区外，南方一些地区的族谱内也有大槐树传说的记载。在江苏省丰县刘家营村的《刘氏族谱》中就有这样的记录："吾家世居山西洪洞县野鹊窝。"尽管大槐树传说与这些地区民众家族祖先来源的真实历史之间的关系早已无从考证，但是其中真切地反映了民众尊祖敬宗的情感以及有关祖先崇拜的集体记忆。

对祖先的认定，族谱中也确立了一些比较具体可行的原则、规范。一般来讲，族谱不但记录着男性祖先的谱系脉络，而且也关注女性成员的家族及所在地区的实际情况。事实上，在男权社会中女子只有通过婚姻才能获得祖先地位。一个未婚而夭折的女子只能是一个无主的孤魂，不能进入族谱。

除了用上述方法向祖先表达敬意外，广大普通民众还希望通过自己在现实生活中的努力使冥界的祖先享受到更多的供奉。此外，人们既不允许他人污蔑自己的先人，更不能容忍挖掘自家的祖坟。

有时，人们还将祖先崇拜与其他神灵的崇拜结合起来，具体表现为对"天地君亲师"的供奉。在一些家庭中，民众"通祀天地君亲师，杂以他神及昭穆考妣"。他们在供天地君亲师牌位的同时，"兼供孔子、老君、关圣、灶神、观音、土地、财神、招财童子、牛神、蛇神，更在庭前贴有天地牌位，上书'天地位焉'四字。"民国以后，很多民众则改奉"天地国亲师"。这也反映出中国祖先崇拜在近代社会中的某些变迁。

"三百六十行，无祖不立"
——行业神崇拜

对历史极为珍视的中国民众，还时常怀着崇德报功的心态追怀在文明进程中建立赫赫功勋的先祖。他们不仅将许多创世英雄的神话传说当做真实的历史来传诵，并且将这些英雄、豪杰当做行业的祖师爷或行业保护神来祭拜。一些行业的从业者在谈到本行业的由来时常说："这是我们祖师爷留下来的。"由此可见，行业祖师受到从业者们的推崇。这无疑也是中国民众祖先崇拜的某种延伸和扩张。

中国的行业神崇拜拥有一个极为庞杂的体系：首先，三百六十行都有自己崇拜的神灵。其次，有相当多的行业都供奉着多位神明。最后，有些神灵还被多个行业奉为自己这个行业的祖师或者是行业保护神。

中国是一个传统的农业大国。农业祖师崇拜在民众的信仰活动中占据十分重要的地位。农业祖师崇拜源于"八蜡之祭"。所谓"八蜡"就是每逢田事告成之后，农民祭祀的八种农业神。它们分别是先啬、司啬、农、邮表畷、猫虎、坊、水庸、昆虫。对这八蜡神的祭祀就被称为"蜡祭"。千百年来，农家每年十二月聚合万物而求祭之，所祀之神基本上都是有功于农业生产的。古代的蜡祭对后世的农业神祭祀产生了深远的影响。

由于黄帝造农具、定节气，神农尝百草、辟药圃，伏羲定四方、教渔猎，因此黄帝、神农、伏羲皆被农民奉为祖师，是为"三皇"。还有一些地区的农民奉后稷为农业祖师。山东邹平的民众在每年农历七月十五日，将后稷请到庙宇里，摆上供品，请他品尝，同时还把最差的谷物挂在门上，意思是后稷进门时看到庄稼长得不好，就会教授一些种田的窍门。

除农业之外，祖师崇拜在工商业及服务业中也较为普遍地存在着。在建筑业的众多行业祖师中，最知名的当属鲁班。鲁班是春秋战国时期的著名工匠，以精湛和神奇的建筑技艺著称于世。他死后被建筑业的从业者奉为神，并被尊称为鲁班先师、巧圣先师、鲁班公、鲁班圣祖等。除建筑业外，北京的搭棚业、扎彩业、油画业，浙江的砖瓦业，广东佛山的木雕业，湖南长沙的锯行，内蒙古包头的车行以及全国大部分地区的冶金业也都遵奉鲁班为行业祖师。中国庙祀鲁班的活动始于明朝初年。在北京，供奉鲁班的地点是精忠庙鲁班殿。平日里，绘画等行业的从业者在鲁班殿的南院举行祭祀活动，而建筑业的从业者则在北院祭祀。此外，在鲁班诞辰之日，这些行业的从业者还会举行更大规模的仪式。其中规模最大的当属山东东岳庙鲁班会。每逢鲁班诞辰之日（农历六月十三），山东的建筑工匠都要举行祭祀鲁班的神会——鲁班会。广东地区的建筑工匠在农历六月十三要休息一天，祭祀祖师，并抬鲁班神像巡游。

陶瓷业对祖师的崇拜，在各地从业者中间存在着明显的差异。景德镇陶工所供奉的祖师为童宾。童宾本是明朝万历年间的陶工，因赴火而死被奉为祖师，受到景德镇陶工的隆重祭祀。其神庙被称为"佑陶灵祠"，祠中设童宾神龛，并配祀历代陶业祖师。此外，陶工们对童宾的亲族也尊崇备至，特请画师绘制两面飞虎大旗，赠予童家。每逢迎神之日，他们必前往童家恭请大旗，并设宴款待童家后代。江苏宜兴的制陶业向来发达。当地制陶业者供奉的祖师是范蠡。每逢正月初一、三月十六、九月初九等日，宜兴的陶户就要焚香祈祷、演戏酬神、恭迎祖师。在每年农历四月初七范蠡生日，他们还要焚香点烛，敬祀先师。此外，浙江省的哥窑和弟窑所供奉的祖师爷是章氏二兄弟；河南、广东所供奉的祖师爷为舜；东北地区的陶工多拜陶正为祖师。尽管各地陶瓷业的从业者所祭拜的祖师并不完全相同，但是表达的宗教情感是一致的，都表达了对行业祖师爷或者行业保护神的崇拜。

无独有偶，各地纺织业者所供奉之祖师爷也是千差万别。杭州纺织业以褚载为祖师，苏州纺织业以张平子为祖师，上海纺织业所尊崇的祖师是黄道婆。此外，山西等地的纺织业者还以织女为祖师。

由于旧时交通工具匮乏，主要依靠畜力，因此交通运输行业大多奉马神为祖师。马神又称马王、马祖、马王爷，是掌管马、驴、骡等动物的神明。自明清以来，各地交通运输业的从业者祭祀马神的活动从未止息。各地祭马神的时间一般都在农历六月二十三日。当天为马王诞辰日，又名马王节。人们祭祀马王的活动多在马厩举行，以为这样就能够避免马瘟，保佑马儿日行千里。

厨师所奉的祖师有汉宣帝、灶王、易牙、詹王、彭祖、雷祖大帝、关公、诸葛亮等。在宋代，关中厨师多奉汉宣帝为祖师。清朝以后，全国大部分地区的厨业开始奉灶王为祖师。在北京，每年八月初三灶君生日，厨、茶行的从业者都要前往灶王庙祭祖。厨师们各持一道拿手好菜，奉于灶王面前，表达恭敬崇拜之情。同时，他们也会请人念《灶王经》。此外，天津的厨师奉易牙为祖师；徐州的厨师奉彭祖为祖师；湘潭等地的厨师奉雷祖大帝为祖师；包头的厨师奉关公为祖师；上海的厨师奉诸葛亮为祖师。

与茶有关的行业往往供奉陆羽为祖师爷。陆羽是唐朝著名品茶家，死后不久便被奉为茶神。茶水贩将其神像置于茶灶上或茶具间，以求更高的利润。若是生意好，他们便用茶水作为贡品祭祀之；若生意不好，他们就用开水浇神像。陆羽生前所作的《茶经》，也被从业者奉为经典。

祖师崇拜在服务业中也得到较为明显的体现，其中非常著名的行业祖师是罗祖和志公。罗祖是理发业所遵奉的祖师爷。清朝以来，各地祭祀罗祖的活动极为普遍，尤以北方为盛。北京的理发业者在会馆内建有罗祖殿。每年农历七月十三，是当地理发业祭祖师、演行戏的日子。在东北及山西、新疆等地，也建有罗祖庙，定期举办神会。志公是澡堂业者所奉之祖师爷，各地均建有专庙祭祀。每年农历三月，从事澡堂、修脚等行业的人纷纷到庙里虔诚祭拜祖师。

为了祈求神灵保佑自己和整个行业获得更多的利益，增进从业者之间的交往，从事文化、医药、艺术等行业的从业者同样以祖师崇拜为纽带，加强联络。仓颉是黄帝时期的官员，相传其有首创文字之功。因而他被中国士人、知识分子奉为文字鼻祖。中国知识分子的祖师崇拜还体现在文昌帝君的信仰之中。文昌本为星宿。随着历史的发展，文昌不仅被人们赋予了越来越多与人间事物相关的神性，而且还获得了人性。随着科举制度的不断完善，对文昌帝君的奉祀也逐渐普遍。各地都建有文昌宫、文昌阁或文昌祠，其中以四川梓潼县七曲山的文昌宫规模最大。一些乡间书院和私塾也都供奉文昌神位。其间，文昌帝君信仰虽时有变化，但因其掌管文人的功名利禄，所以一直奉祀不断。每年农历二月初三为文昌帝君诞辰之日，官府和文人学士都要到供奉文昌帝君的庙宇虔诚祭祀，或吟诗作文，举行文昌会。在文昌会上，士人还要焚香，祭先农，行九推礼。民间亦将文昌、魁星、朱衣神、关公、吕洞宾相结合，称为"五文昌"。五神各有职司，文昌在天掌管文昌府事务，魁星主司文章，朱衣神主司科举，关公管文教，吕洞宾的职司尚未可知。

医药业所尊崇的祖师被称为药王。最早的医药业祖师是巫师。《世本》曰："巫咸作医。"元明以后，药行普遍以三皇作为祖师，并建庙祭祀。后来，古代的医药界名人也被加入到这一祖师崇拜的系统之中。于是，历代名医扁鹊、华佗、孙思邈、李时珍等人与黄帝、神农、伏羲共同受到民众的祭拜。

祭祀药王的地点一般在药王庙。在中国的药王庙中，又属河北安国的药王庙规模最大。该庙祭祀的主神是东汉时期的邳彤。邳彤，字伟君，信都（今河北安国）人，东汉大将。初仕王莽，后举城降刘秀。相传其精通药理，倡导、扶持民间医药行业。因此，每年民众都要在安国药王庙举行大规模的庙会，抬药王像巡游，并上演酬神戏，在娱神、娱人的同时，一方面保佑从业者大发财源，另一方面祈求药力强劲，使病人迅速恢复健康。除安国外，其他地区也定期举办药王祭祀，以东北地区为例，每逢农历四月二十八日都要专门举办药王庙会。当日，从业者要聚集在一起，以祭药王。同时，庙会上还出售一种纸质葫芦。据说购买纸质葫芦者可远离疾病困扰。在四川等地，从业者还要在药王生日这一天，燃放爆竹，以为祭祀。

曲艺界所供奉的祖师爷众多，主要包括二郎神、唐明皇、田公元帅、胡亥、庄王、喜神等数十位。其中，最为著名的是唐明皇李隆基。戏曲演员世称"梨园子弟"，与他有着直接的联系。李隆基即位后，选拔坐部伎300人，在长安禁苑附近的梨园中进行排练，号称"皇帝梨园弟子"。旧时，戏班中均供奉着他的神位；要入梨园行，也必须拜他为师。在闽台地区，梨园行则以田公元帅为祖师。田公元帅原名雷海清，是著名的乐师，曾被唐玄宗封为侯爵。相传其在唐玄宗逃往四川的时候显灵保驾。因而福建各地的戏剧业普遍供奉田公元帅。据调查，泉州城乡奉祀的田公元帅官庙多达94座。此外，在日本占领台湾的时候，当地的艺妓也信仰田公元帅，以提高自己的演出水平，使自己的表演技艺更加精湛。她们于每年农历八月二十三搭建祭坛，并且连续三日举行盛大的祭祀典礼。随着时间的推移，田公元帅信仰逐渐成为海峡两岸民众表达文化认同、信仰认同的重要手段和媒介。近年来，台湾田公元帅信仰者纷纷到福建祭祖寻根，进行信仰上的沟通。

除上述行业外，叫花业以韩熙载为祖师，娼妓业以老郎神为祖师，美容业以李渔为祖师，花卉业以花神为祖师……即便是为人所不齿的盗贼也有自己的祖师，分别是柳跖、宋江、时迁。

在近代民间结社中，行业祖师崇拜也大量存在。几乎每个帮会都有一个无从考证的远祖系统和对帮会创业有功的近祖系统。以青帮为例，青帮奉祀"前三祖"和"后三祖"。所谓"前三祖"是金祖、罗祖、陆祖，所谓"后三祖"即翁岩、钱坚、潘清。人们要加入青帮，必须先拜师开香堂，并且在香堂上拜祖，此为"参祖"。每个青帮成员都要聆听并恪守祖师爷的训词。其帮规的第一条，便是不许欺师灭祖。若违反此规，轻者责打，重者处死。

三 乐生恶死——扑朔迷离的
鬼信仰

在中国民间信仰中，有两个世界，一个是生者的世界，一个是死后的世界。民众普遍关注现实人生，乐生恶死，不仅愿意将全部精力放在现实生活中，而且把对现实生活的热爱和依恋融入对死后世界的种种想象里。于是，鬼信仰由此而产生，并在中国民间信仰中占据着极为重要的位置。一方面，民众将鬼所生活的阴间当做人间的延伸，尽可能地满足鬼魂的一切需要。另一方面，他们又制造出掌管阴间的诸神，演绎出各种各样的驱鬼、镇邪、降妖仪式和手段，并且赋予鬼魂各种各样的性格，表达惩恶扬善、因果报应等宗教观念，以捍卫生者免遭鬼魅的侵害。

 ## 魂归何处——对死亡的恐惧

中国民众乐生恶死的观念影响极为深远。然而对死亡的恐惧，并没有使他们完全沉溺于对长生不老的追求，反而令其反复思索人死之后魂归何处的问题。

而鬼信仰的出现既是民众对生死问题的思索过程，又是他们不断求解的结果。中国民众普遍相信人是有魂魄的，以为人在死亡之后灵魂是不灭的，仍然徘徊于地狱和天堂之间，而且还不时返回人间。由于鬼无影无形，在暗中悄然活动，能变化形态或附身于人，所以人们相信它存在于黑暗之中，同时具有超凡的能力，甚至主宰人的祸福吉凶。于是，民众对鬼魂给予异乎寻常的敬畏。不仅如此，他们还依据自身关于鬼的生活、鬼的世界等种种想象，建构了一套较为完整和统一的鬼信仰体系。该信仰体系的存在和发展也有助于普通民众缓解生存焦虑，克服死亡压力。

在中国古代，民众以为鬼可以分成很多种类，如四方之鬼、浮游浪鬼、贫儿之鬼、田舍之鬼、市郭之鬼、工匠之鬼、奴婢之鬼、僧尼之鬼、瘦病之鬼、盗窃之鬼、蛟蛇之鬼、羊司鬼、乡官鬼、送食鬼等。近代以来，存在于中国民众观念中的鬼更加庞杂，其性质、形态、特征、用途各不相同。按照不同标准可分为祖先鬼和家鬼、物鬼、自然现象鬼、社会现象鬼、害人患病鬼、野鬼、恶鬼、善鬼、披发鬼、破面鬼、长面鬼、小面鬼、长鬼、独足鬼、无头鬼、大头鬼、小头鬼、无常鬼、青鬼、判冥鬼、掠剩鬼、算命先生鬼、瘟鬼、疟鬼、勾魂鬼、讨债鬼、夜巡鬼、厕鬼、宅鬼、淫鬼、侠鬼、烟鬼、赌鬼、酒鬼、伥鬼、水鬼、产妇鬼、吊死鬼、刀下鬼等。

而各种鬼魂的活动也多是和黑暗紧密联系在一起的。人们普遍以为鬼多是在夜深人静的时候才出来活动，只有少数的鬼在白天现身，但也要化作人形。而鬼活动的地点则不外乎坟地、老屋、废墟、古庙等人迹罕至的僻静之所。当人们偶然来到这些地方时，若看到一些异常的现象，也总会感到莫名的恐惧。

由于不断地受到因果报应等观念的影响，民众不仅希望生前无恶不作之人死后能够受到地狱鬼神的审判和惩罚，更盼望那些蒙受冤屈、命丧黄泉的人死后变为厉鬼，向生前不公平对待自己的人索命。他们担心非正常死亡的人会变成鬼，因此非常畏惧，希望通过祭拜等方式避免鬼对自己生活的干扰；即便是自己的亲人，也是如此。美国学者曾对中国民间鬼魂信仰进行了社会调查，记录了这样一个实例：某人未婚的姐姐是遭受坏人的残暴伤害致死的。他说："只要我们忘记为姐姐烧香和烧纸钱，我们全家和所有的近亲都会全身同时感到疼痛。因此，我的叔叔伯伯和姨娘们都经常叮嘱我妈妈不要忘了为我姐姐烧香。我妈妈就这样天天午夜为姐姐烧香。"

 阴阳阻隔——身后世界的想象

在漫长的历史岁月中，普通民众是怎样想象鬼，对它们又是怎样崇拜、祭祀的呢？在普通民众看来，五道庙是逝者的灵魂平安到达阴间的起点。如果不及时向五道神报告，亡灵就会成为孤魂野鬼，还会危害他人。相传五道神原为东岳大帝的属神，它很早就被视为阴间之神，接受普通民众的祭祀和膜拜。在民间，五道庙极多，即使很小的村落也多会建造一座五道庙。因为这是人死后魂归阴间必须报到的地方。凡是家里死人，亲属们都会马上携带纸、灯火、酒和食物等到五道庙去"告庙"。到了五道庙之后，亲属们就把纸贴在墙上。如果哪个地方纸不落下来，那个地方似乎就有了死人的魂灵，亲属们就在那里燃灯设供，追祭死者。

地藏王本是佛教四大菩萨之一，并为阴间的主宰。有关该神的来源，历史上有三种不同的说法：一种是说地藏王乃如来佛的弟子；另外一种说法为古印度婆罗门女；还有一种说法认为他是新罗的王族，出家九华山。作为地狱的主宰，地藏王以惩治恶鬼为己任。相传地藏王察觉秦桧谋害岳飞的阴谋后，将其抓到阴间审判，令民众拍手称快。

在普通民众的心目中，地藏王并不是只有刚硬刻板的一面，而且还有温柔体贴的另一面。他还以慈悲为怀著称。相传清朝年间，两江总督于成龙见家中的仆人病危，遂在梦中向地藏王祈祷。于是，地藏王发挥神力，为这位忠仆延长了寿命。

地藏王菩萨的道场在九华山，诞辰日是每年农历七月三十日。这天，从各地赶到九华山朝拜的民众络绎不绝。旧时，在南京附近，每年七月还有地藏会，参加者多为妇女以及她们年幼的孩子，他们一路上还做出各种被旁人视为"怪状"的举动，其目的就是为亲属祈求平安，祛除各种疾病。

阎罗王本为佛教神，其职责是统领阴间的诸神，审判人生前的行为并给予相应的惩罚。还有几位历史人物被民众视为冥王，即四大阎罗。他们分别是韩擒虎、寇准、范仲淹、包拯。其中包拯在民间最为出名。在中国民间传说中，包拯是公正的化身。一些民众认为他死后成为阎罗王，继续审理阴间的案件；有的则认为他日断人间，夜判阴间。无论如何，人死之后，灵魂都要到阴间接受包拯的审判。如果确实是受人陷害，包拯会把他放回阳间活命；如果的确有罪，则被送入地狱受罚。无论是阎罗王，还是四大阎罗，民众均认定他们掌管着死后的世界，具有无上的权威。俗语说得好："阎王叫人三更死，谁敢留你到五更！"恰恰说明这一点。有时，民众也会对阎王断案的公平性产生怀疑，因为他的手下假借其权威胡作非为的事情也屡有发生。因此，民间便有"阎王好见，小鬼难缠"的说法。尽管阎王法力无边，但是民众并没有就此认定他具有无穷的力量、是永远不可战胜的。在民间还有"阎王也怕拼命鬼"等俗语。有关阎王的奉祀，各地民众一般是在当地城隍庙等寺庙内设立的阎王殿中烧香、礼拜，祭祀阎王。阎王诞辰之日，即是为亡魂举行超度科仪之时。是时，民众纷纷祈求阎王开释亡魂，使其早日受度升天。

在民众的观念中，阎王身边还有掌刑判官、掌善簿判官、掌恶簿判官、掌生死簿判官等一系列判官，以及四值功曹等作为辅助。功曹本是人间官职，为掌管功劳簿的书记官，后逐渐被民间信仰所吸收，成为值日、值月、值年、值时的守护神。这四位分别是值年神李丙、值月神黄承乙、值日神周登、值时神刘洪。

他们的主要任务是记录人和神的功绩，并对人实行保护。民众普遍认为，他们是凡人与众多神灵之间的联络者，所以必须仔细打点，以确保其通晓凡人的请求。民众祭祀四值功曹的地点一般是在城隍庙，祭祀用品与祭祀城隍的用品相差无几，仅多出一个红包。理由是四值功曹在世间与阴间游荡，需要路费。

人亡故后，其灵魂要经过漫漫长路的艰难跋涉，才能到达冥界。在这一过程中，亡灵还要受到十大冥王的逐一审判。十大冥王分属十殿，其职能与人间的司法官吏也十分类似。

第一殿：玄冥宫。即灵魂的报到处，由秦广王蒋氏掌管。秦广王按照簿籍所载的善恶行迹，以善恶为标准予以发落。如果前来的鬼魂生前是大善人，便勾销其轮回，直接送到超生天界过美好的生活；如果罪善相当，移交十殿发落转世；如果罪大于善，或恶贯满盈，就要其先上孽镜台，照出前世的恶业，使其受罚，然后押到第二殿审判，用刑受苦。

第二殿：普明殿。此为"活大地狱"。据说在大海底下，由楚江王历氏掌管，另设十六小地狱，为初动刑处。待鬼魂在此期满后，移交第三殿。

第三殿：黑绳大地狱。由宋帝王余氏掌管，专门审理在世间忤逆尊长、教唆兴讼的案件。有此罪者，下狱受刑，期满后移交第四殿。

第四殿：合大地狱。由五官王吕氏掌管，专门审理诈伪、欺人之案。凡在人间抗粮赖租、买卖欺诈之人，便入大狱受刑，然后下小狱受苦。刑满后，再送往第五殿。

第五殿：叫唤大地狱。阎罗王包氏掌管。经前四殿审理过的鬼魂，押到第五殿先上"望乡台"，让他看见家中因其罪而遭受的苦难，然后阎罗王再审察此鬼的罪恶，下入大狱，受刑罚，再发入诛心十六小地狱，令鬼差钩出心，掷给蛇食。

第六殿：大叫唤大地狱。由卞城王毕氏掌管。对在世间怨天尤地、对着北方便溺涕泣者，卞城王察看罪过，发往与罪相当的小狱受苦。

第七殿：热恼地狱。由泰山王董氏掌管。犯有奸淫、奢靡、欺诈乡里之罪者，均押往该殿受审。待查明罪过后，发往相关的小地狱受刑。期满后，押解至第八殿。

第八殿：热恼闷锅地狱。由都市王黄氏掌管。专管不孝不悌、邪恶作伪的鬼魂。受刑罚痛苦后，交十殿令其改头换面，永为畜类。

第九殿：酆都铁网阿鼻地狱。由平等王陆氏掌管，专管大案重案。凡在世间因杀人放火、被斩绞正法者，到此殿后，先抱住烧红的空心铜柱，烙烬心肝，然后发往阿鼻地狱受刑，直到被害者个个投生。

第十殿：由轮转王薛氏掌管，负责六道轮回，各殿移送移到这里的鬼魂再一次受到审判，然后投入轮回投生。凡是作恶多端的，投生后变为胎卵湿化、朝生暮死之虫。罪满之后，再投胎，重新做人，但要到边远荒僻之处。此外，对投生为人者，要灌之以迷魂汤，使之忘掉前世的万般诸事。

　　孟婆是民间传说中的阴间女神。据说，她生于西汉时代，自小研读儒家书籍，长大后开始念诵佛经。在世的时候，她从来不回忆过去的事情，也绝不畅想未来，只是一心一意地劝人们不要杀生而要吃素。一直到81岁时，她依然还是处女。因为她只知道自己姓孟，所以便被人们称为"孟婆老奶"。后来，孟婆老奶到深山里面去潜心修行，直到东汉时期。因为人们以为知晓前世诸般事者会泄露天机，所以孟婆老奶就成为了幽冥之神，还得到上天为她建造的驱忘台。

　　《阎王经》中说，鬼魂在各殿受过刑罚后，依序解送至掌管鬼魂投生的第十殿。凡被送到这里来准备投生的鬼魂，都会先被押到由孟婆神老奶所掌管的驱忘台下灌饮迷汤，让其忘却前生。凡投胎的鬼，必须喝下，之后就会忘记前世的恩恩怨怨，自此，仇人可以成为朋友，夫妻不再反目，父子可以成为兄弟，姐妹可以成为母女，你不认识我，我不认识你，落得无伤无痛。

　　透过民众的各种想象，不难发现他们把人间世界所感受到的因果报应思想都投入到死后世界之中。而死亡的公平性以及接受审判的平等性，使民众对阴间的公正性有更大的期待。

8　捍卫生者——驱鬼、镇邪、降妖

　　实际上，中国民众鬼信仰的核心在于对生者的保佑。除极力迎合亡者的各种需要外，中国民众还特别希望对亡灵严加管束，捍卫生者。因此，不但掌管鬼魅亡灵的诸神受到普通民众的广泛祭祀，而且凡是能发挥驱鬼、镇邪、降妖作用的符咒、仪式等也都得到追捧。例如，在举行丧葬仪式时，他们时常请佛教僧人为之作法、诵经、超度亡灵。若遇有疾病或怀疑为鬼魂所祟时，他们也会毫不犹豫地请道士收惊、打鬼、捉妖、画符、念咒。

在中国民间，鬼被赋予一种超自然的力量，接受人的顶礼膜拜，但是却令人不敢靠近。因此，驱鬼、镇邪、降妖就成为了人们的普遍愿望。不同地区、不同民族的民众通过各式各样的方法，诸如禁忌避鬼、隔鬼、护身符避鬼、文身避鬼、藏身避鬼、封闭封锁避鬼、利用恶气味避鬼、以威吓避鬼、用守门鬼和请神避鬼等，达到躲避鬼魅作祟的目的。

唐朝以前，一种驱疫逐鬼的传统仪式——大傩受到朝野人士的重视。大傩是以模拟巫术的形式，通过喧闹的场面和声势威吓疫鬼、邪祟，收到驱疫逐鬼的效果。当人们把扮成鬼的角色打跑后，就算把鬼打走了，便可以平安无事地过日子了。驱傩仪式起源很早，据《周礼·夏官》记载："方相氏掌蒙熊皮，黄金四目，玄衣朱裳，执戈扬盾，帅百隶而时傩，以索室驱疫。"这一时期，每逢年终岁末之际，举国上下共同举行驱鬼仪式。主持人方相氏即祭师，在驱傩时要头戴奇丑鬼面具。方相氏原本是古时一种奇异鬼魅，据说丑陋无比，所以要扮成面目狰狞凶恶的鬼魅相。这似乎也是出于那种"以恶制恶"，使鬼产生恐惧的巫术心理。后来，这种隆重而热烈的驱鬼仪式，逐渐流传到民间并衍为风俗习惯。汉朝以后，驱傩仪式的规模越来越大，其中逐鬼驱疫的目的性相当明确。作为传统的国家重典，隋唐时期，驱傩仪式仍然由官府主持，并隆重举行。不过，随着驱傩仪式的日益形式化，其在社会上的影响力已经大不如前。

虽然宋代时仍然于禁中举行驱傩仪式，但是象征神灵追杀疫鬼的活动已经消失了。然而，这并不意味着隐藏在驱鬼仪式背后的民间鬼信仰正在或已经衰落了。事实上，驱傩仪式在民间依然继续举行，直到现在，一些地方的普通民众仍然沿袭着这一传统。而各种各样类似驱傩仪式的驱疫逐鬼的活动不但没有绝迹，反而遍及各地。这是因为经过大力渲染的神魔鬼怪的魑魅世界，加重了民众对各种驱鬼法术的依赖。那些五花八门的超度鬼魂、劾治鬼魂、打鬼、逐鬼的仪式更吸引了众多人士的参与。这些驱鬼仪式在很大程度上消除了广大普通民众对鬼的恐惧。

于是，每年的农历七月十五日各地民众都要举办"鬼节"，即通过祭祀无主孤魂和意外死亡者，使那些到处游荡的孤魂野鬼能够有所归依，避免人碰上它添疾生灾、不得安宁。祭鬼活动一般包括放河灯和烧纸船。河灯和纸船都是为孤魂野鬼制作的，旨在使极易作祟扰人的无家鬼在荷花灯的引导下乘上法船，渡过苦海，进入极乐世界。这样人间就可以太平无事、万事大吉了。正因为如此，这一天，全国各地的广大民众争先恐后地参与驱鬼的活动，表达着强烈的驱鬼愿望。以目连戏为代表的戏剧演出也逐渐转变成民众共同参与的除祟打鬼的活动，并凭借着震慑人心的宗教气氛受到普通民众的欢迎。尤其是目连戏的演出与驱鬼法事齐头并进，相互呼应，融为一体，更调动着民众的宗教情绪。在安徽地区村村都上演目连戏。每当农闲时节，一出戏演一夜、三夜、五夜、七夜不等。如果恰逢地方不靖，上吊寻短见的人较多，人们会因为恐惧吊死鬼而请戏班临时加演。其中"闻太师逐鬼"的情景特别激动人心："当出神时，台上灯火齐灭，缢鬼溺鬼，浑身冥箔，满台乱扑，作鬼嗥声，状甚幽凄。闻太师手执钢鞭，数其扰乱人家之罪，而下驱逐之令，钢鞭一指，两鬼立即跳至台下，向坛上奔去。闻太师随后驱逐。"当是时，人声喧哗，爆竹连天，颇极一时之盛。有些观众以为台上出现的是真鬼，害怕其近身讨替。更有甚者，因为惧怕台上的鬼魂而当场昏晕过去。

在浙江绍兴地区生活的民众普遍持有五六月为凶月的观念，所以每逢此时各村都要上演平安戏。每个村庄基本上都是由一人发起，各家捐款，请戏班来演戏。戏只要是一开演，就白天、夜间不停歇。白天所演之戏与平素相同，夜幕降临后，演员便扮成魔王、小鬼等令人畏惧的模样，排着队，在锣鼓、旗帜的配合下周游村子。小孩、妇人们去看戏，还要在头上插桃树叶、桃树枝，以避鬼祟。在近代成都地区，每当出现瘟疫或遭暴猝死等事件，当地居民一定要演《捉寒林》。先由一名乞丐扮成寒林，相貌极为丑恶，就如同妖魔鬼怪一样，躲藏在城外荒郊野冢间。然后，居民们手持刀枪列队将其捕捉，押回戏台。据说这样可以驱除疫厉。

除在特定场所内举行的集体驱鬼仪式外，民众还发明了许多驱鬼镇邪的法术，以使鬼魂远离自己的日常生活和生产。这显然和他们想象出来的鬼惧怕人、物的心理密不可分。例如民众常常用桃木做成弓箭、刀、棒、板，以驱鬼避邪。最流行的是用桃木制作的桃符，上面画着神荼、郁垒二位的神像来镇宅降鬼，同时又起到门饰作用。在各种镇宅驱鬼之术中，民众还比较常用的方法是：其一，设影壁，以阻止厉鬼径直闯入家宅。其二，贴门神，以震慑厉鬼，防备恶鬼、恶灵侵犯住宅。其三，挂照妖镜，以驱逐恶鬼，使之不能入宅作恶。在北方的一些地区，民间还流行着剪挡鬼娃娃的风俗，即剪一排四个手拉手的纸人，象征把鬼魂挡在屋外。挡鬼娃娃多为女性，有时也为头上长牛角的男性。其中牛角的作用就是挡鬼镇邪。有时候，人们甚至给孩子起带脏字的名字，用意也在于使子嗣平安、家庭生活不受鬼魅纠缠。在农村，名为"狗蛋"、"臭子"、"狗剩儿"、"狼剩儿"等的普通民众很多。

中国民众还想象出各种各样借鬼忌惮的东西来驱除鬼祟的方法。在一些地区，人们相信小米是鬼魅忌惮物，故用小米、盐米来驱除鬼魅。在河北省定县（今河北省定州市）一带，有这样一种风俗习惯，产妇满月回娘家，途中每过一个路口都要撒一把米。小孩跌倒在地，就用盐米撒在跌倒之处，以借此把祟害小孩跌倒的邪鬼赶走。人们以为鬼怕豆类，所以用携带豆子的方法驱鬼者也很普遍。在每年腊月二十三日祭灶之后，人们常用小红布袋装上灶王爷前神马饲料中的黑豆，缝于腰间。人们以为鬼怕苇索，于是便有垂苇索于门以御凶驱鬼的风俗习惯。人们相信鬼怕秽物，据说黑夜遇到鬼，撒泡尿就能够畅行无阻了。人们认为鬼既怕牛、鸡等多种动物，还怕符咒、印、佛经、字、书、笔、墨、镜子、秤、红纸伞、针、钢刀、墨斗、渔网、痰、火、气等物品，更怕圣人、佛教徒、手工艺人、木匠、屠夫、恶人以及金甲神、泰山神等各种神灵。

正因为如此，很多与镇鬼降妖有关的神交了好运，得到民众的奉祀。为民众所熟知的钟馗就是从体现民众鬼信仰的神话、鬼话及祭仪中脱颖而出，成了民间专门治鬼的神灵。

钟馗的起源，有点出乎人们的意料。据《考工记》记载："大圭，长三尺，杼上终葵首。"后人进一步解释说："终葵，椎也。"《方言》则谓："齐人谓椎为'终葵'。"而钟馗信仰形成、发展的主要动力恰恰是中国民众对驱除鬼魅的迫切愿望。虽然钟馗以万能之神通辟邪除鬼的信仰，直到唐朝初叶才开始流行，但是其能够辟邪除鬼的观念早在唐以前就在民间广为流传了。

另外，唐明皇夜梦钟馗捉鬼的故事，在民间流传甚广。这对民众的钟馗信仰也有一定的影响。有一天，唐明皇身染疾病，白天睡觉休息，却梦见一个绛衣犊鼻的小鬼，一只脚穿着鞋，一只脚却光着，鞋则挂在腰间，以便偷太真绣香囊和皇上的玉笛。唐明皇很不高兴地质问小鬼。小鬼说："我就是要虚耗别人的喜庆事，使之由喜转忧。"唐明皇怒不可遏，想召唤身边的武士。突然，一个头顶破帽，身穿蓝袍，系着角带，脚着朝靴的大鬼冲了进来，并把小鬼捉住，挖掉小鬼的眼睛，然后把小鬼吃掉。唐明皇十分惊异地问大鬼："你是何许人？"大鬼回答："我是钟南山进士钟馗，应试不捷，羞归故里，触殿阶而死。当时承蒙旨赐绿袍以葬，感谢祭祀之恩，故愿为我皇除掉天下虚耗妖孽。"话音刚落，唐明皇从梦中醒来，便觉得由疟疾造成的病痛一下子消失了。他赶快招来画工吴道子，令其马上将钟馗像画了下来。

随着钟馗信仰在宫廷和民间的广泛传播，人们又为他附会了很多或质朴或诡奇的神话传说。虽然广受欢迎，但鼎鼎大名的钟馗并没有或堂皇或简陋的庙宇存身，只是在逢年过节的时候，随着一纸画像贴在民众的家门上或屋内，接受民众的虔诚祭拜。在一些地方还长期存在着"跳钟馗"的仪式，祭祀这位神灵。据《吴中岁时记》记载："丐者衣坏甲胄，装钟馗，沿门跳舞以逐鬼，六月朔始，届除夕而止，谓之跳钟馗。"《姑苏竹枝词》亦云："残须破帽旧衣裳，万两黄金进士香。宝剑新磨堪逐鬼，居然护国有忠良。"这生动地表达了民众防患于未然、驱疫避厉的想法和愿望。

由此看来，无论是作为形貌狰狞、能劈吃小鬼的大鬼，还是原本为驱疫逐鬼时使用的棒槌，钟馗自古至今都是作为驱鬼的象征而走进了民众的信仰世界。在他身上，凝聚着民众斩邪驱鬼、四季祥和的希望。

4 人鬼情未了

长期以来，民众借助对鬼、鬼魂和阴间的不断想象，慢慢形成祭拜、敬奉等仪式，与此同时，也借机表达自己在现实生活中的各种愿望和欲求。在这个过程中所展现的人鬼关系、鬼鬼关系等，在某种程度上折射出现实社会中人类的多种关系。

在民众的观念中，不论是天堂还是地狱都不过是人世间的延伸。他们将死后的世界想象成为生前世界的复制和翻版，两者之间具有某种天然的联系。中国民众普遍认为，死后的世界并不因为人鬼相分就与人世间彻底割断了联系。善良的民众甚至以为，如同人有好有坏之分一样，鬼也有善恶之别。但是在鬼魅之中，凶残丑恶者不仅数量众多，而且恶行十分明显，手段残忍卑鄙。因此，人们不得不小心事奉，提醒自己千万不要惹怒它们，以期收到安抚收买之效。

中国民众对鬼魅的关心、照顾体现在许多方面，并且很少有人会怀疑对它们所做的一切是荒谬的或者是毫无意义的。因为民众普遍热爱现世生活，对现世人生充满依恋之情，所以特别担心鬼魅会干扰和影响自己对平淡而美好的生活的享受和获取。人们虽然并不十分了解鬼魅的喜怒哀乐，但是却执著地要想方设法满足其愿望和要求，以为按照自己的愿望为其所做的一切，就一定能符合鬼魅的要求。

民众对鬼魂的看法，不仅反映在各式各样的信仰活动中，而且还体现在民间广泛流行的各种鬼故事里。这一切，都使得中国民众的鬼信仰日益巩固，不断强化。和人类具有不同的脾气禀性以及品质一样，鬼故事中的鬼也有善恶之分。在普通民众的眼里，区分善鬼、恶鬼的标准很简单，那就是是否作祟于人。

于是，不难发现中国民众鬼信仰中的善鬼竟然就是人间各种善的集中体现。有的善鬼治病疗人，不图钱财；有的善鬼乐于助人，不怕牺牲自己的利益；有的善鬼带有几分侠气，路见不平，拔刀相助；有的善鬼勇于救人出水火，不求回报；有的善鬼很讲义气，滴水之恩，也会涌泉相报；有的善鬼注重情谊，与人交友，彼此馈赠物品，相知不相忘；有的善鬼柔情似水，忠于爱情，始终不渝；有的善鬼明辨美丑善恶，救助心地善良、品行优秀之人。

至于恶鬼，不但面容十分可怕，而且性情也很凶残、丑恶。有关他们的故事，更被民众涂抹上一层层阴森恐怖的色彩。在福建东山流传着这样的故事：很久以前，这个地区的一个小山村里有一对青年结成伉俪。新婚之夜，一阵大风突然冲开新婚夫妇的家门，接着，一只披着乱蓬蓬的长发、张着血红的眼睛、露着参差不齐的牙齿、整个身体似乎独由一层外皮披着、身高足有两米的鬼钻了进来。鬼指着男青年大喊："赶快给我滚出去，今晚，我要与你的娘子共寝，你不准偷看，明天晚上你方可回来。往后，你们就可以一起平安地生活，我就不来干扰了。不然的话，我叫你马上死，我可以剥你的皮、吃你的肉、喝你的血，听到没有！"那位男青年眼巴巴地看着惊慌失措的妻子被鬼抱上了床。"还不走开！"鬼大声恐吓着。男青年慌忙跑到别处躲藏起来。后来，这个村子里的青年男女成亲之夜，必定要把新房的房门打开，新郎跑到别处过夜，新娘则只能在洞房里等待鬼的到来，准备陪伴鬼睡觉。对此，民众只能忍气吞声，不得不遵从这样的风俗习惯。除此之外，各地普通民众常常会将死亡、疾病、灾难等天灾人祸归咎于恶灵鬼物的侵害。

透过大量的鬼故事，不仅能够窥探到众多形象鲜明的鬼魅，而且还可以洞悉民众对鬼的态度。除恐惧外，他们对鬼魅还有一些微妙的情感。这些情感无疑也是现实生活人际关系的某种反映。

在有些鬼故事中，让鬼惩处人世间的恶魔，为冤魂复仇雪恨的事情令人印象深刻。在《子不语》、《搜神记》等神怪作品集中，有很多鬼魂帮助民众申冤的故事。在这类故事中，最著名的当属《窦娥冤》。《窦娥冤》是元朝戏剧家关汉卿的著名作品，它那动人心魄的悲剧情节和感天动地的奇冤深深地震撼着人们的心灵，特别是鬼魂托兆伸冤，六月飞雪的浪漫主义情节更使它妇孺皆知，名垂千古。而由屈死的冤鬼出面申冤，正是广大普通民众希望铲除人世间的不平而自己又无能为力的心态表露。

窦娥自幼到蔡婆婆家做童养媳，其夫早死，婆媳两人相依为命地过着寡居的生活。地痞张驴儿及其父亲肆无忌惮地要搬到蔡家来住，并欲强娶蔡婆婆和窦娥。为此，张驴儿阴谋毒死蔡婆婆，不料却毒死了自己的父亲。于是，他以此要挟，逼窦娥就范。但是，窦娥毫不屈服，宁可遭到官府过堂，也要捍卫自己的贞洁。然而太守是个见钱眼开、草菅人命的昏官，将窦娥判处斩刑。她负屈衔冤，临刑前发下三桩"无头愿"：窦娥委实冤枉，身死之后，三伏天降三尺瑞雪；一腔血飞在白练上，半点不落地；楚州大旱三年。窦娥含冤去世之后，奇迹果然出现了。时值三伏天，却阴风怒号，大雪纷飞；窦娥颈血没有半点落地，漫天飞舞的雪花掩埋了她那纯洁的躯体；当地三年不雨，持续大旱，遍地的草木也因枯萎而失去生机。就在窦娥的父亲窦天章得第封官奉命巡视地方来到楚州地界时，窦娥的鬼魂出现了。女鬼哭诉冤情，表示楚州三年大旱即是冤情的明证。大堂之上，女鬼与张驴儿当堂对证，又请太上老君把在逃的恶医拘来，查清冤情，洗雪沉冤。人世间的冤屈在鬼魂伸张正义的坚持与斗争并获得胜利的结局中得到纾解。

民众还盼望一些鬼故事中的主角——鬼魂成为吓退恶人的利器。有位名叫荔姐的姑娘，嫁到邻村为民妇。一天，她听说母亲生病了，便不顾天色已晚赶去探望。她独自一人走在路上，忽然发现身后有人紧追不舍，料定自己遇到了恶人，顿时吓出一身冷汗。荔姐见前不着村、后不着店，很难逃脱，遂急中生智，藏到古冢的白杨树下。她摘下所有的饰物放到怀里，解下长带系到脖子上，披头散发，口吐舌头，双目圆睁，故意让那恶人看到。那恶人以为是撞见了吊死鬼，吓得连忙趴在地上，不敢动弹一下。荔姐这才得以脱身，安全到家，探望了生病的母亲。

在中国传统社会，由于广大普通民众受到"严男女之大防"等思想观念的束缚，所以无论是男性还是女性，不仅很难抒发自己对异性的爱情，而且连简单的交往都常常得不到正常的途径或渠道。然而，青年男女对爱与被爱的向往并不能被彻底阻遏，因而超越幽冥阻隔，表达人鬼之恋、人鬼之情的故事极受人们的欢迎。这些有关人鬼情缘的故事，讲述的重点并不仅仅是艳遇秘闻，而是要借此表达令人扼腕的痴情、衷情。

《搜神记》中讲了这样一个女鬼的故事。有位美丽动人的女子爱上了钟繇，经常与钟繇幽会。钟繇也十分迷恋这位气质非凡的女子。有人告诉钟繇这个女子一定是鬼，要钟繇杀掉她。某日，女子又来找钟繇，但是并不进屋，只站在门外。钟繇问她："你为什么不到屋里来？"女子说："我知道，你想杀我。"钟繇说："没有那么回事，快进来吧！"女子相信了钟繇的话，遂走了进来。钟繇既惧怕女鬼，担心遭她暗算，又不忍心下手杀死她，最后只砍伤了她的大腿。女鬼疼痛万分，用棉花擦了擦伤口，夺路而逃，血滴了一路。第二天清晨，钟繇派人顺着血迹寻找她，最终来到一座坟墓前，打开棺木，只见躺在里面的女子，正是与钟繇痴痴相恋的那位。而《聊斋志异》中的名篇《聂小倩》更是将人鬼之恋演绎到了极致。男主角宁采臣不受女色、金钱的诱惑，获得了女鬼聂小倩的敬重，

保全了自身，并在聂小倩的指引下依托剑侠燕赤霞逃
过了劫难，并把受老魅（书中燕赤霞语）挟持的聂小
倩从兰若寺侧埋骨之处救出带回。

　　受"男大当婚，女大当嫁"等思想的影响，中国
民众普遍认为不幸夭折、没来得及娶妻嫁人的男女在
阴间会有未尝人道的遗憾，也最容易因为得不到子孙
的奉祀、受到冷落而成为孤魂野鬼，为生者制造麻烦。
于是，防止其作祟的最佳方式就是安排一次婚礼。尽
管《周礼》中有嫁殇之禁，但是历朝历代都广泛而持
续不断地上演着"冥婚"的戏码，在民间更是从未绝
迹。例如唐朝时期，在民间举办冥婚的现象就比较普
遍，由此还出现了一些颇为动人的民间故事。据《广
异志》记载，有个名叫王乙的人，因赶集从李氏庄门
前经过。他远远地看见了一个十五六岁的女孩，女孩
也看见了他。两人有意，女孩便让婢女传话给王乙，
让他晚上到庄上借宿。两人半夜相见，一番缠绵之后，
女孩忽然觉得病了，有点不太舒服。王乙忙问究竟，
女孩据实以答。原来女孩是翻墙过来幽会的，不小心
在翻墙时脚被墙角的耙齿刺破了，疼痛难忍。女孩临
走时对他说，看来她活不了了，如果王乙真对她有情，
将来再经过时到她坟上看看。后来王乙当官东归，经
过李氏庄时，听说女孩真的死了。于是与当年的婢女
去女孩的墓上祭奠。不一会儿，那女孩竟然从墓里出
来了。王乙突然倒地猝死，婢女见到王乙的灵魂和女
孩一起进入了坟内。于是，他们两人结为冥婚。宋代，
冥婚也极为盛行。据《昨梦录》记载，凡未婚男女死

亡，其父母必托"鬼媒人"说亲，然后进行占卦，如果卜中允许结婚，就由双方家长各自替鬼魂张罗制作冥衣，进行合婚，将男女并骨合葬。

此后，历经元、明、清各朝，冥婚之俗依然存在。直至民国时期，冥婚在中国大部分地区还普遍流行，并兼具红白喜事的特征。在河北省武安县（今河北省武安市），"男女夭殇，亲友介绍冥配"，俗称"娶鬼妻"，传簪换笔，皆如生时。在定亲时，男女双方的家人要遵守一般人家的订婚规则。迎娶时，男棺在前，女棺在后，棺首各覆盖红巾一端，抬至坟地后合葬。下葬时，女方家人均要身着素服、素冠临穴。下葬完毕后，双方即结成亲家，平日里按照一般的姻亲关系来往。在北京附近，举行冥婚仪式者被当地普通民众称为"搭骨尸"。冥婚仪式多在夜间举行，届时办事的人家抬着一顶纸轿子，由单鼓、单号、单唢呐吹奏前引，与另一位或男或女合葬，结为姻亲。20世纪30年代以后，一些家庭还仿照"文明结婚"的新潮仪式，用西乐队前导，后边四个人抬着一个出殡用的影亭，内挂"新娘"照片，举行合葬仪式。

值得注意的是，在中国民众的鬼信仰中，不仅有怕鬼的一面，而且有不怕鬼、捉弄鬼、用人的智慧来战胜鬼的一面。在民间流传很广的不怕鬼的故事中，"宋定伯卖鬼"就叙述了机警大胆的宋定伯与鬼周旋，毫无畏惧，最后捉住鬼得钱一千五百的事情，集中表达了中国人敢于与鬼斗争、治服鬼魅的心态。

南阳宋定伯年少的时候，夜晚在路上行走，遇上了鬼。他急忙发问："你是谁?"鬼不仅痛快地答道："我是鬼",而且反问宋定伯："你是谁?"宋定伯故意撒了个谎,说："我也是鬼呀。"鬼接着问道："你想要到什么地方去?"宋定伯回答说："要到宛市。"鬼说:"我也要到宛市。"同行数里后,鬼突然说："路途太远了,是否可以互相背着走呢?省点力气。"宋定伯爽快地答应了："这样太好了。"鬼先背宋定伯走了数里,感慨道："你太重了,不是鬼吧?"宋定伯连忙解释说:"我刚死不久,所以重呀。"宋定伯于是转而背起了鬼,那鬼好像没什么重量。就这样,宋定伯和鬼反复交换着背了几次。宋定伯再次发问："我刚死,还不知鬼有什么畏忌的事情?"鬼很得意地答道："不喜欢人唾。"恰巧有条小河挡住了道路,宋定伯让鬼先渡河,听了听,好像没有一点声响……快到宛市的时候,宋定伯便把鬼扛在肩上,利用鬼所说的禁忌,降服了鬼,并直接赶到宛市才将鬼放下,"著地化为一羊,便卖之。恐其便〔变〕化,乃唾之。得钱千五百,乃去"。

当然,现代人对千奇百怪的鬼故事或感到不可思议,或觉得扑朔迷离,但是千百年来在普通民众之中越是具有奇异色彩、越是恐怖怪诞的故事,就流传得越广。不仅如此,鬼故事还为文学作品提供了带有某种原始冲动并令人心驰神往的力量,成为古典文学作品中的一个重要门类。南宋洪迈的《夷坚志》长达420卷,清朝蒲松龄的《聊斋志异》更是以近500篇作品的规模,使志怪小说达到艺术巅峰。其中鬼故事极多,颇受民众的欢迎。

四 受神秘心理驱动的禳解
——巫术与禁忌

为抵御天灾人祸的侵扰，中国民众往往还会借助各种巫术活动，获得某种超自然力量的庇护。他们在疑难苦痛之际，除了受神秘心理的驱动，求神问卜，还会请神媒作法扶乩。在人与神之间进行沟通的巫师，也想方设法创造出千奇百怪的巫术，满足民众的需求。各地流传的巫风、巫习，以及不言自明的民间禁忌，都深刻反映了中国民众的神秘心理。

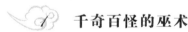

✨ 千奇百怪的巫术

在中国有着悠久历史的巫术，是人们企图借助超自然的力量对某些人或事物施加影响或给予控制的法术和仪式的统称，具有很强的神秘性。人们努力通过祈祷、献祭等方式祈求神灵，为现实服务。巫术赖以存在的思想和原则可大致分为两个方面：第一是"同类相生"或果必同因；第二是物体一经相互接触，在中断实体接触后，还会继续远距离的互相作用。前者可称之为"相似律"，后者可称作"接触律"或"触染律"。人们根据相似律所施展的巫术，称为模仿巫术；根据接触律施行的巫术，称为接触巫术。

一般来讲，巫术具有以下几个特征：首先，巫术必为达到一定的目的，或为了治病，或为了辟邪，甚至为了陷害他人等。其次，巫术往往都会借助某种仪式加以进行。例如治病、辟邪、招魂、驱鬼等，一般都有相当复杂的表演性仪式，即便没有表演性仪式，也一定要将辟邪物件挂在特定的地方。再次，巫师都会说巫词、唱巫歌，甚至跳巫舞。如招魂就要用多种方法把魂魄叫回来，诅咒则是尽可能地使用语言咒骂对方。还有一些巫术则需要巫者用口头语言表达人们的愿望，以便达到某种目的。此外，巫术都要借助可以发挥媒介作用的通灵者。一般是巫婆、神汉，也有可能是僧人、道士。在某些紧急时刻，人们还会抛开那些通灵者直接进行巫术活动，以感动神灵，为自己降恩赐福。

民间流行的巫术种类很多，可以按照不同的标准进行分类。若依据行巫手段，巫术可分为模仿巫术与接触巫术；如按照行巫目的，巫术又可分为黑巫术与白巫术。如前所述，所谓模仿巫术是指人们以相似事物为代用品作为祈求对象的巫术。民众使用模仿巫术的主要动机不外乎是求吉避灾。旧时，如有的小儿多病，家长相信巫婆的话，以为自己的孩子是神的侍从偷生，便许以替身代之。到了庙会的时候，他们将纸人在庙中焚烧，就算把替身送去了，孩子也就没有危险了。在某些地区，老人的寿衣也要挑有闰月的年份缝制。这是因为有闰月的年份比寻常的年份长，因而在这样的年份制作的寿衣能够保佑老人健康长寿。

接触巫术的产生是基于一种交感行为，即事物一旦接触过，它们之间将一直保留着某种联系，即便它们已经彼此远离。在这样一种交感关系中，无论一方做什么事，都会对另一方产生某些影响或某种后果。例如，民众普遍相信通过接触某一物体，就能够达到求子的目的。旧时，如家中有人患病的时候，民众就会在病人病痛的地方放一枚钱币或较贵重的东西，然后丢在路上任人拾去。他们以为这样便可以将疾病转移到捡拾者的身上。再如老人的寿衣往往要出自未婚姑娘和年轻妇人之手，这样一来，她们旺盛的生命力就会借助寿衣的缝制传递给老人，从而使老人延年益寿。

民间流行的降神附体也是接触巫术的一种特殊形式。在特定的历史时期，农民起义的领袖会利用降神附体感召民众，以取得"仗神威以寒敌胆"的效果。太平天国运动时期，杨秀清、萧朝贵假托天父、天兄下凡，汇聚起群龙无首的民众。在冯云山被捕下狱，洪秀全前往营救，拜上帝会群龙无首的危急时刻，杨秀清称天父下凡附体，并以天父的身份发号施令。萧朝贵言天兄耶稣下凡附体，获得代天兄号令天下的权力和身份。当洪秀全、冯云山重新回到广西紫荆山时，也不得不承认杨秀清、萧朝贵代天父、天兄发表意见、颁布命令的权威。特别是杨秀清，他每次代天父上帝传言时，严厉肃穆，既责人之罪恶，又劝人为善及预言未来，或号令人应该如何做法。其言辞不仅给拜上帝会的会众留下深刻的印象，而且埋下未来事变的祸根。义和团运动时期，成百上千的普通民众齐集到义和团的神坛前"烧香叩头，求神附体"。他们口念："我是孙大圣、黄天霸下山来了，闭着眼睛像疯子一样。在团的人天天晚上练，说能避枪避刀，单刀不入，快枪打不入。"实事求是地说，这些降神附体的形式在特定的时期、特殊的场合确实起到了一些唤起民众和增强凝聚力的作用，最起码是心理作用。

黑巫术通常以诅咒和巫蛊为主。所谓诅咒就是用语言的力量使鬼神降祸给仇人。民众认为通过咒术发生神奇效力，可以帮助人们达到希望达到的目的。其中，既有正规的诅咒礼，又有普通民众的口头诅咒。一般认为，正规的诅咒术产生于先秦时期，既可以用来加害于人，又能够用以求神降祸于敌国。到了汉朝，诅咒术在统治阶级中进一步盛行。西汉广陵王刘胥为夺取皇位，暗中诅咒汉宣帝。事发，广陵王刘胥被汉宣帝赐死。后来，诅咒术逐渐被官方禁止。但是民众对仇人的口头诅咒一直延续至今。普通民众对付邪恶的常用方法，就是将神力附着在某些语言上，使其产生作用，达到保护自身、驱除鬼魅的目的。除了那些职业巫师和神职人员在各种法术中念诵咒语、驱邪除崇外，民间也流行着大量妇孺皆知的诅咒方法，并灵活运用于日常生活之中。例如在中国的许多地区，人们用剪纸和木雕制成仇家的人偶，并将其生辰八字刻于人偶之上，经常用针去刺人偶；或用纸剪成魔鬼模样放在仇人旁边，通过念咒语使仇家生出疾病或发生灾难。早在周朝，类似这样的巫术就被应用到诸侯国之间的斗争之中。西汉以后，它在民间更是大行其道。类似事件在历朝史书、志书、笔记中均有所反映。小说《红楼梦》中赵姨娘收买马道婆暗害贾宝玉和王熙凤的情节，就是诅咒术的一种运用。

"蛊"指的是使人患病的毒虫。巫蛊就是使人生病而死的巫术。古人认为，疾病是虐鬼作祟的结果。于是，巫蛊术应运而生。汉朝时，巫蛊术已经成为最常见的巫术之一。魏晋时期，巫蛊术的种类进一步扩大，有蛇蛊、蜈蚣蛊、猫鬼蛊、犬蛊等不同种类。其影响力一直延续至近代。20世纪30年代，在河南偃师便仍有嫁蛊之俗。若家中有人得疟疾，家人便写一个帖子，上书"我有一头牛，情愿送朋友，谁要拾起来，你就跟他走"。然后将帖子包好，置于大路之上，病人则躲在远处。若有人拾起来，病痛就转嫁于捡拾者。尽管巫蛊术看似神乎其神，但实际上它在许多时候仅仅是故事传说，穿凿附会的成分很多，对民众的实际生活并无太大危害，但是极易引发纠纷和争斗。更有甚者，借巫蛊术在朝堂上掀起的血雨腥风，使得不少王公贵族、宗室子弟遭受杀身之祸。

与黑巫术相对而言的白巫术，从主观上来说，是想在神秘的环境中预知未来的情况，以便采取及时有效的方式加以应对。普通民众经常进行的求晴、祈雨、辟邪、驱鬼、除虫、寻物、招魂、求子等巫术均在此列。

万变不离其宗——巫风与巫习

在中国，巫术起源于史前时代。先秦时期，占卜、预言等巫术便在民间流传起来。汉朝以后，厌胜之法、巫蛊之术在社会各阶层中广泛流行。至魏晋南北朝时期，民间巫术逐渐发展成严密的体系。唐宋以后，少数民族入主中原，中国民间巫术又具有浓重的民族文化特色。

中国民众对巫术的态度极为复杂。一方面，在现实生活需要和实际利益的驱动下，中国民众参与各种巫术活动。究其原因，民众赖以生存的世界本来就是祸福无常、凶吉难卜，而普通民众又极其重视日常生活中每一件细微的事情，希望有关现世人生的所有事情都能够得到必要的保障。除了经常祈求神灵外，人们还通过一些仪式和类似巫术的活动求得冥冥之中超凡力量的帮助。登坛祈雨、以符招魂的法术，强身健体的气功以及讲究男女媾和的房中术等之所以在中国民间广泛流行，影响着民众的观念和生活，是因为这些巫术在一定程度上满足了广大普通民众希图借此战胜疾病、驱除鬼祟、避邪祈福、灵魂升天、预知未来、五谷丰登、家庭兴旺等精神需要。另一方面，受神秘心理的驱动，部分普通民众乐于和巫术亲密接触。当遇到疑难问题或在自己所掌握的知识、解决问题的方法均宣告无效之际，他们便会感到自身的渺小和无助，同时产生恐怖、希望、焦虑等情绪。于是，求医问药、求财禳解等诸多巫术大行其道，使人沉溺于宗教迷狂之中，从而产生并加剧种种神秘心理。因而，发端于人类文明幼稚时代的巫术、方术、占卜术、相术、风水术、算命术都被继承下来，并长久地保持着其对普通民众的吸引力。人们通过若干随时可行的怪诞、迷乱的仪式和对与鬼神相通的巫觋之信奉，寄托自己的宗教情怀、排遣自己的忧虑、消弭各种已经出现的或尚处于隐匿状态的灾难，在虚妄的幻想与令人心醉神迷的仪式中，重新获得了生活的信心和心理安慰。

其中"信巫不信医"的观念就颇为典型，并细致而生动地说明了这一点。旧时，由于平日劳累过度、营养不良，以及灾荒频繁、卫生条件低下等，中国民众经常受到病魔侵袭。尽管中国医药的开发与利用在远古时期就已经开始，并逐渐形成了独树一帜的医学体系，不过，在缺医少药的前提之下，人们还是要请散居于民间的巫觋为其驱除病痛。在民众看来，巫师可以与神沟通，发挥神秘的力量，驱鬼治病，保佑自己和家人福寿安康。当家中有人生病时，他们既可去巫师的香坛，又可请巫师到自己的家中。病人家属一般先要烧香叩头，请其下神。巫师于是哈欠连天，或者口吐白沫，突然间又手舞足蹈，说话声音也与平常大不一样，同往常判若两人。这表示神已经来了。于是，病人家属急忙叩头，请问病情和治疗方法。巫师再以神的名义索要供品或者治病物品。等基本要求得到满足后，巫师再说这病得罪了哪方神灵，要去祭奠一番，或者阴阳宅有什么不利，要去破解，或者给一神药之类。最后巫师复原，做出一副对刚才所发生的事情茫然不知的表情，并表示身体很疲乏。于是，病人家属便给巫师一定的酬谢，连同供品皆归其所有。

巫师们一般不供奉单一的神灵，所以兴之所至，什么神都可以请来。下神时，一般都要拖腔高唱各种民间小调，如四平调、靠山调、三棒调、娃娃腔等。依据需要，则又分请神调、安神调、送神调。巫婆到病人家中去下神，一般事先对病人及其家人的情况都有些了解，到场之后还得"眼观六路"、"耳听八方"。作法与下神联系比较紧密，多数情况是在来神后对病人施行法术。巫师为人治病时，往往告诉病人的家属病人是被鬼祟住了。驱鬼治病的方法很多，可以选择使用。如叫魂法，是爬到梯子上四处呼喊；画符化水法，即画一张符，烧成灰后化水服下；镇妖法，即在念咒语的同时，挥动宝剑，然后用符贴瓶口，称已拿住妖魅；移疮法，道士画灵符几道，分贴各处，念着经咒，引患疮者到一树下，用笔在疮痏上画一符，在树上同样画一符，持剑砍数次，据说这个疮就转移到树上了。正是因为人们把身体健康的希望寄托在神秘的、出神入化的方术上，一些假冒的神职人员才会利用民众的这种心理，勾串巫师，巧立请仙名目，为人治病，骗取钱财。这使得普通民众在日常生活中蒙受很大的损失，甚至付出生命的代价。这类例子在现今中国的城乡地区仍然时有所闻。

人们尽管有时对巫术等超自然力量异常敬畏，但是却并没有将其放到支配日常生活的位置上。有时，他们对巫术的态度是淡漠的、无可无不可的、洒脱不恭的。不仅如此，中国民众对巫师、相师、算命师等还有许多批评。这从一个侧面反映出民众对巫术所传递的神秘力量并不完全相信和接纳，甚至充满质疑和批评。如关于算命的俗语有："算命不说好，命金哪里讨"；"算命若有灵，世上无穷人"；"算卦小破财，算去不算来"；"相师，会相他人，不相自己"。关于风水师的俗语则是："自背黄金，为人看风水"；"替别人看风水，自己无处葬"。对巫师亦有如下的批评："巫者不自救，郎中不自医"；"尪姨（巫婆）顺话尾，假童害众人"。

即便中国普通民众对神秘力量存在某种依赖和崇敬的心态，也不意味着他们不再信任自身的力量。在民间流行的一些俗语中就反映了人们既不否认神秘力量的存在，又明确表示了人的力量是可以与之抗衡的认知："人上一千，鬼神平肩"；"命强人欺鬼，时衰鬼欺人"；"人有十年旺，神鬼不敢傍"；"孝敬父母不怕天"。然而，这并不意味着他们已经发现了巫术等神秘力量的本质。或许他们是基于对现世生活的诸多感性认识，因而能够以冷静的态度来解剖巫师不断用来解除现实困境的神秘方式。为达到祛病禳灾、驱鬼辟邪的目的，中国民众使形式多样的巫术获得了巨大的发展潜能。这些巫术不但透露出巫师具有非凡的创造力，而且还反映出民众对人神关系的某些基本认识。

民间巫术林林总总，名目繁多。一曰跳神。跳神即跳大神，源于满族祭神之礼。如果某个家庭、家族中有人生病，就会被认为是妖魔作怪，必须从牡鹿神、狐狸神、鼬鼠神中请出一位来。跳神时，大萨满身着法衣，作法的巫师一手拿鼓、一手持杖。见大家已经肃静下来，巫师便唱起咒词，并有节奏地敲鼓。这种咒歌或者对神的祈祷可以分成许多段落，每段结尾，巫师的脸上都出现虔诚、恭敬的神情。鼓声渐强而急，巫师发出二三声口哨，旁观的人则拉长声以相应和。祈祷结束，萨满赶快站起身，用急促的步子不断地在屋里跳跃绕圈。他还不时地喊叫着，像中了魔一样，狂扭乱跳，身上的铜管发出可怕的嘈杂声。这时，神已经请到，并显示了真身，但是只有萨满才能看见，众人是见不到他的。

清朝入主中原以后，这种风俗习惯开始在中国普通民众之中广为流行，然而，在南方和北方却存在着明显的差异性。旧时，在南方，跳神有以下几种形式：如跳灶王、跳端公等。跳灶王一般是在春节之前，也就是新桃换旧符的时候。据顾禄《清嘉录》记载：每年农历十二月初，乞丐三五人结为一队，扮成灶公、灶婆，拿着竹枝，到各家各户去乞讨，是为"跳灶王"。这种状况一般要持续至农历十二月二十四日。在西南地区，民间有"跳端公"的风俗习惯。一般人家请巫师用刀掷到地占卜，此为"丢刀"。又有女巫用对碗施加咒语的方式占卜，此为"观碗"。也有女巫以降神的形式占卜，此为"观仙"。此外，在跳端公的过程中，还有装土地的，有装娘子的，有装四值功曹的，有装灵官的……名目繁多，不胜枚举。此外，华南沿海地区的跳神习俗也独具特色。以广东为例：若家中有人生病，就要由家中的老人安排延请巫师前来驱鬼。

在北方，主持仪式的巫师所从事的是占卦算命、摸骨相面、风水阴宅、神水神药、求儿育女、消灾祈雨、驱鬼治病、扶乩降神、上供还愿等活动。来的时候，民众多选在夜间，并且先把预备出来的屋子遮得严严密密……等巫师来到之后，先要烧香请仙，把香烧完了，她便坐在炕沿的灶旁，给大仙留着炕里正座。忽然发出点声响，就说大仙来了。家人忙着叩头，请大仙饮酒、吃鸡蛋。然后顶仙的妇人询问大仙说："这人得的是什么病？"于是大仙似说似唱地予以回答。这样的一问一答持续很久，所有得病的原因、治疗的方法和简单的药品都说得很清楚。有时大仙还会替病人按摩。据说这是欺骗乡民的一种技艺。

二曰叫魂。中国民众相信人活在世上就要受到魂魄的控制，所以在他们的眼中，灵魂与身体的分离只有在两种情况下才可能发生。一是在睡眠中，灵魂暂时离开身体。另一种则是在鬼神的作用下，灵魂与身体的分离。他们认为前者是不会给人带来危害的，而后者则会导致人患病和精神错乱。因而，招魂的活动在民间也极为常见。在多数情况下，叫魂的活动要请巫师来帮忙。实际上，年纪大的妇女自己也能操作。如果家中突然有人生病，会被民众认为是失了魂，要举行"招魂入壳"仪式。先将病人衣服铺在客堂中，再去田头祭祀五圣神。祭祀完毕后，一人上屋高呼病人的名字，唤其回来，一人在旁边回答"回来哉"，一呼一应，慢慢而归。人们还将一只蜘蛛放在病人的床上，以为这样就可"灵魂入壳"了。

人们普遍认为，由于儿童的身体和心智尚未发育成熟，灵魂最容易出窍，而邪祟也会来偷儿童的魂魄。因此，招魂的事多是围绕儿童进行的。旧时，如果孩子受到惊吓，母亲或祖母就要为之"叫魂"。由母亲或祖母叫魂被公认为是最有效的，甚至连巫师也无法比拟。在浙江等地，小孩的母亲在夜间抱着孩子沿河边或街巷叫魂，母亲在前面边走边叫："××，你的魂儿回家吧！"后面的随行人立即应声："噢，回来了。"如此这般反复多次，便会觉得把孩子的魂招回来了。山东等地也流行着为小孩叫魂的风俗习惯。如果某个孩子突然受到惊吓，哭闹个不停，甚至头脑不清，陷入昏迷，则被认为是掉魂了。这就需要家长为孩子叫魂。假如孩子的母亲或祖母就在出事的现场，她们当即就会把孩子领到或抱到出事的地点，左手扶着孩子，右手在地上刮一下，然后从脚到头抚摩小孩的身体，边抚摩边叫着孩子的乳名。据说这样做便能使孩子的灵魂重新附体。假如事后才发现孩子掉了魂，则把孩子再领到出事现场，抚摩叫名；或用一把大扫帚，上搭孩子衣服，由出事地点拖着往家走，边走边叫孩子乳名，让孩子的魂跟着亲人回家。据说孩子的生魂见到自己的衣服，听到亲人呼喊，就会附到衣服的上面，重新回到孩子的身体。

叫魂还有其他的方式。比如取一碗小米，用布盖住，将碗倒扣，在孩子熟睡时绕头三圈。然后将碗正过来，揭去上面的布。如果发现碗边小米不满碗沿，似被咬去了一口，则收魂成功。家人要上炷香，磕三个头。还可以在小孩熟睡时，手拿烧纸从小孩床前走到门外，然后将烧纸点燃，并走回来，在小孩头前绕三圈，同时念咒语若干。还可在施法者家中将烧纸点燃，取其灰烬，放入白糖水中。与此同时，施法者对着某一方向念念有词。家人则将白糖水带回，给孩子饮用。在四川地区，还流行着这样的叫魂风俗：当自己的小孩身体不适时，孩子的母亲就要早晚燃香，将一颗鸡蛋握于手中，叫孩子的名字，若有一人答应，则被视为孩子的灵魂回归。这种做法要持续三日至七日。然后，要将这颗鸡蛋烧掉，此为"叫蛋"。若鸡蛋是圆满的，则可以停止，否则还要继续。

三曰占卜。占卜是借外界事物的动静与变化向非人的灵物询问所要知道的事情及其结果，常常得到模棱两可的回答，让占者去猜测。在民间，确有很多人对此深信不疑，甚至于"一举一动莫不以卜筮是赖"。一般来讲，普通民众所占卜的都是他们在生活中特别关心的方面，诸如婚姻、功名、钱财、生育等。前途茫茫，人们不能预知未来，所以就卜问神意。由于中国普通民众对占卜的态度是"宁可信其有，不可信其无"，所以以此为职业的人市场很大，靠一些雕虫小技便可以混饭吃。事实上，以占卜等为职业者虽然都以《易经》相标榜，但是对《易经》略知一二就在江湖上敛钱者比较多。然而，普通民众对卜筮所言，莫不视为金科玉律，不敢越雷池半步。在家庭中，民众有时也会自己卜筮。他们除用金钱课、吕祖数、诸葛亮马前课等占卜术外，还使用一些以物占卜的方法。占卜的器具、物品、种类也很多。在广东，有的用鸡卜，有的用牛卜，还有的用鼠卜、米卜、鸟卜、田螺卜、牛蹄卜、灼骨卜等。

显然，民间占卜的方式很多，简便易行。其中最简便易行也最通用的是抽签、抽贴。它以签或贴上的固定内容和词句来解释吉凶，满足着民众求签问卜的愿望、要求。签为竹制，贴乃纸制，上面分别有文字或图画。抽签多在寺庙中进行，每个寺庙中的塑像、雕像前，总是摆着一张供桌，桌上还摆设着签筒。签筒中至少盛着一二百根签，签上写的话，涉及三百六十行的每一行。因此，旧时，不论是哪一行的人，一旦来到寺庙，遇到事情需要决疑，都可以花上几十文钱，求一根签来，替自己决断一下。求签者在叩头拜神之后，要跪捧签筒，默默地祈祷神灵保佑赐给上签。然后双手持定签筒，上下左右摇动一番，使签从筒中跳出来，那就是决疑的神签了。接着根据签上的号码，查对有关记录。签有上上、上、中、下、下下五种。每种又有若干支和若干种解释。上上签大吉，下下签最凶。如果摇的时候使不上劲，签子有时会十根八根一起落在地上，这样就无法看吉凶了。如遇到这种情况，人们多半会请老和尚、老道士代摇。

除常规的方式外，占卜还有诸多衍生形式。扶乩，又称扶鸾。旧时，在遇到急难危厄之事的时候，有些人家会设乩房请神谕示。这类活动要由专人主持仪式，首先是请神，然后将木制的乩笔放在沙盘上，两端由施行法术的人扶持。当乩笔因手臂抬举抖动时，就说明所请之神已降临法坛，可问吉凶。乩笔在沙面上写画出来的字，便是神的谕示。民众扶乩时用的乩笔多为箩筛、簸箕，中间插一根竹筷算是乩笔，在桌子上撒些面粉、小米、麸皮，即可在上面写画。扶乩者多是乩手，或乩手请来的小孩，以显示其灵验。简单的扶乩仅视乩笔抖动的情况便可定吉凶，或写画出来几个字解决疑难。复杂者则写出成首的诗词，或前人成句，或新创作的作品，种类不一。

此外，扶乩也衍生出许多附加形式，旧时江西风俗习惯中的"神检药"即是其中之一。当地普通民众生病后，不求医问药，只求神助。于是，寺庙在神座前放置一个药盒，内分数百格，分装数百味药，请木塑神像降座，以两人拽神，两手作摇曳状，神向药盒回环四顾。神忽头磕于药，即检取某药。待神不摇曳，则不再检药。药量的多少也是如此，先将检出的每味药用戥称一两左右，按神摇曳的情况，逐渐减少，直到神不再摇曳为止。据近代媒体报道，有些病人因服用神检的药而命归黄泉。因此，近代以来，一些有识之士就对扶乩给普通民众带来的危害予以猛烈抨击。梁启超曾说："中国人中迷信之毒本甚深，及佛教流行，而种种邪魔外道惑世诬民之术，亦随而复活；乩坛盈城，图谶累牍；佛弟子曾不知其为佛法所诃，为之推波助澜；甚至以二十年前新学之钜子，独津津乐道之，率此不变，则佛学将为思想界一大障碍，虽以吾辈夙尊佛法之人，亦结舌不敢复道亦。"

　　算卦也是一种比较常见的占卜形式。从事这类活动的算卦先生多是明眼人，常在街头、集市、庙会设摊，以"文王神课"相招徕。算卦者用制钱在卦筒里摇动，尔后倒出，看字、幂的数目和次序来定卦象。文王课以三枚铜元或制钱为工具，放在竹筒里，祝祷一番后，摇动几次，倒出来记下字、幂，连摇六次，即成六爻卦，然后因卦起课，附会人事，推断吉凶。另外，还有一种金钱卜，也就是用六枚制钱装在卦盒里摇动，然后倒出来，排列成行，也是以钱的字、幂和次序来卜祸福。此外，相面、看手相、摸骨相、批八字等在民间也很流行。如相面的结论，在升官发财之外，又添了求子求女、求贤夫贤妻、求田地等，范围不断扩大。

　　预兆这一占卜方法同样也常被民众使用，因为它并不复杂，全凭约定俗成的解释。比如左眼皮跳财，右眼皮跳灾；喜鹊叫象征吉祥，乌鸦上门要倒霉等。在他们的预兆信仰中，常遇到的是梦兆。所谓梦兆，又名梦占，即通过梦境来占验吉凶的活动。人们普遍相信梦中发生的事情一定是现实生活即将发生事情的预兆，或者是神秘的预言，因此需要对梦境作出阐释和解说，这就是圆梦。圆梦一般是分正梦、噩梦、思梦、喜梦、寤梦、惧梦诸类，以预测吉凶。但是这种预测又没有绝对的、固定的标准，只要推测合乎常理就行。于是美梦可以解释成凶兆，噩梦可以说成是吉兆。如梦见活着的亲人死了，说明那个亲人活得更健康。如梦见已经逝世的亲人，则预示着自己要有病灾。另外，白色兆财，红色兆灾，被诠释为梦见白色的东西有财，梦见红色的东西兆示有灾。梦见出殡的白色棺材，说是预兆要见钱财；梦见结婚的红色花轿，则说预兆要遭火灾。

旧时，人们将事后应验的话语称为谶语，其含义往往模棱两可，容易让人用后来发生的事情去附会。近代新事物的出现，似乎也为古谶的诠解提供了新的可能，导致谶兆迷惑更多的民众，增强了他们的神秘心理。如古谶讲"天罗地网"，就是上有电线，下有铁道。"一条路上来，一条路上去"，就是电车、火车。"只听见说话，勿看见人"，就是电话、留声机。"日行千里，夜行八百"，就是快速列车。"自说自话"就是演说家。"让你着天飞"就是飞机。"顺风耳"就是无线电。"千里眼"就是望远镜。"放吸相"就是放大照相。"人举人"就是选举。"像煞个人"就是蜡人。荒诞离奇的神秘预言，经过种种附会，便成了一种新解说。这也成为宣传神秘主义、证明古谶灵验的手段。

四曰看风水。人们普遍认为房屋居室决定着人事的吉凶，祖先的墓地影响后辈子孙的命运。无论是相阳宅，还是看阴地，都是以九宫法加干支五行生克之理为根据的。因此，旧时，看风水在民间亦长盛不衰。据《望都县志》所载：当地居民在盖房后，必须要请风水先生查看五行星宿方位，以定吉凶。民间对风水的痴迷，包括对建筑房屋的朝向、位置和墓穴的选择等，即所谓相阳宅、相阴宅。而直接从事这种活动的风水先生，又称"阴阳先生"、"二宅先生"等。在他们住宅的门口一般都要写上"地理风水阴阳二宅"的字样，作为一种特殊的职业标志。他们的工作就是怀里抱着罗盘，罗盘中心有乾三连、坤六断的图形，以此决定起龙穴选择趋避等。由于民众普遍相信风水的好坏关系着家运的兴衰、后代的荣辱，以及日常生活的否泰，因而建房屋、选坟地，都要请阴阳先生来相地、点穴，按他们选择的地点、指定的方位开工营造。在风水先生的指引下，人们要尽力遵循风水的若干原则。如建筑房屋时，要看宅基的方向、周边的环境、房屋的高低、门窗的位置、动土的时间、趋避太岁的方向等。为了寻觅到一块风水宝地，等待一个黄道吉日，再将故去的祖先、父母安葬在那里，许多普通民众不惮辛劳，不断求索。民众对风水的讲究，也使他们对那些被认为有碍风水的事物产生本能的排拒。近代中国社会出现的新式工业，如铁路、矿业、机器制造业等无不因为担心破坏风水而遭到包括普通民众在内的社会各阶层人士的非难。清同治十三年（1874年）广州城郊建立机器缫丝厂时，很多人便以烟囱太高有碍风水为理由，加以反对。光绪元年（1875年）李鸿章在筹办磁州煤铁矿的过程中，也曾在民众之中引起一片哗然。不仅如此，由风水所引发的民间争端亦不断出现。民众往往以风水为名，互起争端，因此而产生的诉讼更是接连发生。

五曰辟邪。中国民众在现实生活中所经历的苦难确实很多，遂使人们没有办法不觉得所处的境遇是人力难以控制的。既然未来充满了不测和灾厄，那么，借助神秘的方式来达到消灾解厄的目的，禳邪避凶于未发之前的想法便应运而生，以收防患于未然的效果。春节放爆竹及清明节插柳枝、端午节带艾叶都含有驱邪、避邪的意味。桃枝、桑枝虽被视为驱鬼避邪之物，但是不能随便乱种。此外，在广东从化县还有这样的风俗习惯，即每年腊月二十三，各户均挂橘子和柏叶，用以趋吉避凶。

在民间，五月被普遍看成是百病丛生、时疫流行的"恶月"，初五日又被视为"鬼日"，因此，端午节这一天民众避毒驱邪的活动很多。以浙江为例，旧时，人们在端午节有吃"五黄"避邪的习惯。杭州城里的市民吃的是雄黄、黄鱼、黄瓜、咸鸭蛋（蛋黄）和包了黄豆瓣的粽子。城郊农民没有咸鸭蛋、粽子，代之以黄鳝和雄黄佛豆。余姚又用黄蛤蟹代替了雄黄佛豆。"五黄"之外，民众还要想方设法品尝"六白"，即豆腐、茭白、小白菜、白条鱼、白斩鸡、白切肉。衢州则只吃"三黄"，不食"六白"。为了使小儿能避邪，除了用雄黄酒在其额头上书写"王"字，作老虎形外，还要系一些佩饰。杭州是用红绿线缠制成壁虎、蛇、蝎、蜘蛛、蜈蚣等图形系于小儿臂上，称"五毒索儿"。宁波则是"描端午老虎"贴在门上或床头，并用五彩线悬于小儿胸前或系于臂上，称"缠手绳"、"长寿绳"。温州用五色丝请七位不同姓氏的邻居打上七个结，系小儿手腕，叫"七姓结"。在湖州，具有驱邪惩妖本领的神仙格外受到人们的敬奉，封神之神姜太公常被用来禳解一切灾难。此外，一些灵物在民众看来也能驱邪。民间常常将麒麟、凤凰、狮子、老虎等吉兽、凶兽、灵兽的图像贴在门上、墙上或制成童衣、童帽、童鞋上的装饰品，让儿童穿戴上，以起到禳灾、驱邪的作用，例如虎头帽、虎头鞋等。

不敢越雷池半步——民间禁忌

　　禁忌，在中国民间非常普遍地存在，涵盖民众日常生活、生产的诸多方面，与"万物有灵"观念以及巫术等相伴相随，反映了民众躲避祸害降临的普遍心理。民众对禁忌的恪守以及由于无知或不小心犯忌后的禳解，也进一步揭示了人们对冥冥之中操纵人事的超自然力量的深切恐惧。

　　禁忌也是人类普遍的文化心理。弗洛伊德认为禁忌代表多种不同方面的意义，首先是"崇高的"、"神圣的"；另一方面，则是"神秘的"、"危险的"、"禁止的"、"不洁的"。其来源是归因于附着在人或鬼身上的一种特殊神秘力量，它们能够利用无生命的物质作媒介而加以传递。在这个过程中，这种既可敬又可畏的力量，像一把双刃剑。为避免人们的冲犯造成不利，需要制造一系列的禁忌加以制止。禁忌不仅教人如何避免灾祸的降临，而且使人了解如何化解以便逢凶化吉。因此，透过对民间禁忌的探讨可以考察中国普通民众追求平安福祉的努力与逃避厄运的心理、方法。

在漫长的历史长河中，中国民众不断受到各种吉凶难卜的事情的困扰。因此，驱邪避祸、祛病祈福等神秘心理在他们当中广为流行。这些神秘心理具有强烈的历史传承性，并外化为民众的种种行为，禁忌由此产生。

"禁忌"一词，目前最早见诸汉朝典籍。《汉书》、《后汉书》中均有关于禁忌的记述。王充在《论衡》中也曾列举了俗之四大讳：其一，忌讳在住宅西边扩建住房；其二，忌讳受过刑的人去上祖坟；其三，忌讳看到产妇；其四，忌讳养育一月和五月出生的孩子。唐宋以后，禁忌对民众的影响进一步加强。宋朝的《东京梦华录》中就记载了一些与民间禁忌相关的内容："俗云厌青羊等杀神也。新人下车檐，踏青布条或毡席，不得踏地。"从传统到现代，各种禁忌在中国民间都非常流行，并表现出较强的稳定性。

在中国的古代典籍中，对"禁忌"的解释如下："及拘者为之，则牵于禁忌，泥于小数，舍人事而任鬼神。"此处，禁忌表达了两种含义。一是禁止，其干预力量主要来自社会环境。二是忌讳和抑制，一般是来源于人的自我约束力量，采取避讳的行为。由此可见，在中国传统文化中，禁忌代表了一种制约力量，其中既有宗教和世俗社会对民众心理和行为的约束，又有民众基于神秘心理对自身的抑制。个人的自我抑制在禁忌心理的产生和行为实施的过程中占据更为重要的地位。有时候，禁忌并非一种明文记载的禁制行为，而是通过约定俗成的惯例的形式流传于民间，但是其产生的深远影响是不容低估的。

中国民众在日常生活中形成了一套颇为完整的禁忌系统，包括心理和行为，涉及嫁娶、生育、居家、节令、丧葬、行业、祭祀等众多方面。这些禁忌心理和行为，可以分为两类：一是接触禁忌。就是凡俗事物不能接触神圣事物，其中包括食用、触摸、目光接触等诸多方面。在中国传统社会，统治阶级是社会权威的集中体现。对普通民众来讲，和他们接触无疑具有极高的危险性。在传统社会，见官便被民众视为禁忌。普通民众也不能够随便观察官员的体貌特征。只有在事先得到容许的情况下，他们才能抬起头来看官员。二是视听禁忌。主要是指禁止凡人对圣物讲话。此外，一些特别的语言也具有神圣的性质，普通民众既不可以说这些词语，也不可以听到这样的声音。一般来讲，他们会用改读、改写、改说等多种方式，避讳上述带有禁忌性质的词语，借以达到趋吉避凶、尊重权威、婉言人短等目的。例如普通民众若遇到和皇帝同名的情况时，便要更改姓名。假如和神的名称相同，也要毫不犹豫地更改。由此可见，无论是接触禁忌还是视听禁忌，遵守的目的是相同的，即借助对"神圣"灵力的肯定，以达到避祟、祈安、求利的目的。

中国民众所要规避的禁忌真可谓不胜枚举，然而它的普遍存在又直接反映出民众对禁忌的强烈认同。随着禁忌的不断传播和继承，民众的神秘心理也越来越普遍，并已经成为无需教化的一种潜意识。广大普通民众为了维护平安和泰、无灾无难的生活，不论多少禁忌似乎都可以毫不犹豫地接受、遵守。

中国的民间禁忌大致有三种。一是言语禁忌。语言是进行社会交往、交流思想的主要工具和途径。人们通常相信语言与所要表达的内容之间具有对应关系。因此，在某些事物需要避忌时，他们要尽量做到在语言上不提及。因而，大到国家、小到家庭，语言上的禁忌和避讳无所不在。而避讳的原则，无外乎是出于礼教、功利、吉凶、荣辱等方面的考虑。违犯禁忌的人，轻者对自己不利，但可以破解，重者则会为自己和家人招致灭顶之灾，则非一己之力可以奏效。

具体来讲，语言禁忌有以下几种情况：首先是称谓禁忌。例如君主和家中祖先的姓名均不能直接称呼。在给刚刚出生的孩子起名字时，也要避免与祖先、长辈同名，不论是音同，还是字同。其次是年岁禁忌。在中原地区，普通民众忌讳恪守的年岁忌讳是四十五、七十三、八十四、一百岁等。据《北平风俗类征》云：当地民众特别忌讳说四十五岁。当有人问及一个四十五周岁的人的年龄时，他们一定不会据实以告，而是婉转地回答说，去年四十四岁，或者是明年四十六岁。由于七十三、八十四是孔子、孟子二位圣贤的终年，所以人们视其为两道槛，说岁数时也尽量不提。因而俗语有云："七十三，八十四，阎王不请自己去。"一百岁时通常是指高寿，也被人们看成是阳寿的极限，所以老人是忌讳说自己一百岁的。此外，在一些地区，年岁禁忌还有特殊表现。山东的男人忌说四十一岁，四十一岁妨妻，要跳过去多说一岁；台湾地区则忌讳岁数逢九；等等。最后是凶祸词语禁忌。由于死亡带给人们莫名的恐惧，所以"死"字是不能提及的，要用其他的词语来代替。例如天子之死用"崩"，诸侯之死用"薨"，大夫之死用"卒"，士之死用"不禄"。在民间，人们常用"过去了"、"走了"、"不在了"等词语表述死亡。有时候，人们也要用褒义的词汇形容死亡。例如在战场上死去的人，被称为"牺牲"、"捐躯"等。

二是行为禁忌。行为禁忌体现在中国普通民众日常生活的各个方面。例如吃饭时，忌敲饭碗，敲饭碗意味着没饭吃；忌攥着饭碗，说这是端着讨饭的碗，受一辈子穷；盛饭时忌勺子往外翻，避免财水外流；忌吃从窗口递过来的食物，吃这种东西会得噎食病。五月，忌盖屋，"五月盖屋，令人头秃"。不仅不能盖屋，也不能晒席，否则家中要死人的。盖屋，忌犯太岁，在太岁方向盖屋谓之冲太岁，"太岁头上动土"，不吉利。住房，忌面对小胡同，因小胡同又名"箭道"，会射伤其家；忌布局失调，如大门建在南墙之中向南，又正对堂屋门，则被认为是"水火相克"，"门对窗，人遭殃，窗对门，必伤人"；忌对面山墙正对大门；也忌对面房子的墙正对大门上的门鼻，须挂铜镜才能破解，但镜子不能照到别人门上，否则容易引起纠纷；忌自己的正房矮于邻居的房脊；也忌前面的房子比后面的高，这样家运被压低，要在自家山墙正中垒个吉星楼，驱走压岁星。忌黑道日出门，每月的初

五、十五、二十五，都不能出远门，更不能在外住宿。不准用手指虹，否则会烂手指头或手指生疔疮。忌见贼星（流星），见了家中要被盗。

三是与岁时年节相关的禁忌。旧时，正月被民众视为关系到新的一年运气好坏的重要时期，所以禁忌也就特别多，几乎每一天都有需要特别留意别触碰禁忌的事情：初一，不吃汤淘饭、不扫地、不丢垃圾、忌杀生、忌五更提名、忌在被中打喷嚏、忌在床前拜年、忌汲井水、忌妇女串门拜年、忌遇和尚尼姑、忌动刀弄杖、忌吃药、忌动刀剪针线、忌午睡、忌讨债、忌给人钱物、忌打小孩、忌啼哭、忌说不吉利话、忌在别人家就餐、忌吃荤、忌饺子下破、忌吃烤馍、忌呼叫鸡、忌听乌鸦叫、忌听狗叫。初二，姑娘回门忌单数、忌祭财神时说"不要"、祭门主忌外人偷看。初三，忌晚间点灯，忌向家人拜年。初四，为灶君下界，忌家人出门。初五，忌妇女出门、忌走亲串友、忌鞭牛骂牛、忌动土、忌动剪刀针线。初七，忌远行、忌动针线、忌妇女背水做饭。初八，忌工具转动、忌妇女出门。初九，禁屠宰、大小便器及妇女下衣等不洁之物忌拿到室外、忌男人背水做饭。初十，忌阴。十三，忌动刀砧。十五，不御荤酒，河南、山东一带忌新妇看娘家灯，有的地方新妇回娘家住"躲灯"。正月十五前不吃豆腐。十六，忌开仓、忌点灯。十七，忌开箱启柜、禁灯。二十五，农家禁做农活，妇女禁做针线。正月底，忌用钱物。除正月外，年内每个节日几乎都有一些禁忌，需要普通民众遵守。在民间通行的历书就十分清楚地标出哪一天可以做什么，哪一天不可以做什么。这种规定一直延续至今。

不仅如此，民间还围绕着个人的身体，产生了一些相关的禁忌：首先是对自身以外的身体禁忌。民众普遍认为一些具有神秘力量的人既不仅能够危害他人，而且也会置人于死地。因此，他们尽量远离那些"命大于己"的权威人体和不洁净的危险人体，以免招致祸患。在民众的观念里，某些具有神圣权威或能沟通人神的人物也会对自己的生活构成一定的威胁，因而对他们也不敢稍有冒犯。出于安全的需要，民众还会避免和经期或分娩中的妇女、寡妇、犯人、病人、死人等被视为"不洁"的人体接触。更有甚者，对某些人，他们既不能与之接触，也不能使用这些人用过的物品，以防止危及自己。由此不难发现，民众所恪守的禁忌既包括被动地与某些事物隔离，也有主动限制自身行为的种种规定。

其次是对自身的身体禁忌。譬如中国人将裸露自己的身体视为不洁和不雅。除了小孩子以外，成年人绝对不能将身体裸露人前。但是就这一点而言，传统社会对男女的要求是不一样的。民间有"男不露脐，女不露皮"的说法，即男子在一定条件下可以裸露上半身，而女子在任何条件下都不能让外人看到自己的身体，否则，便会被视为失贞。这一点，在民间流传甚广的神话传说中也有所体现。以孟姜女传说为例，万喜良为逃避修长城的苦役，钻到了孟姜女的家院，刚好看到孟姜女玩水时裸露的胳膊。由此，孟姜女就成了万喜良的妻子。足见，传统的性别观念、身体观念根深蒂固地影响着民众的思想与实践。

民众还恪守"身体发肤，受之父母，不可损伤"的古训，坚持认为自己的身体不仅是家族传承的象征，还是魂魄的隐藏之处。如果身体遭到破坏，健康和安全便会受到严重的影响。例如，清朝刚入关时实行的"剃发令"，就曾遭到普通民众的强烈反抗。而清末的"剪发易服"运动仍然遇到很大的阻力，理由也是相同的。在许多地区，若家中有人死亡，其亲属在一个月内或百日内不得剃发、刮脸，以示对亲人的怀念。在一些特定的人群中，还有禁止文身的禁忌，以防止对皮肤的损伤和破坏。此外，由于血液时常给予民众一种惊恐的心理暗示，因此民众也将其视为一种神秘的力量而加以敬畏。因此，围绕着血液又产生了诸多禁忌。旧时，亲人死亡时，家中不得有人生产，否则产妇带来的"血光之灾"会冲撞亡灵。同时，全家老小也禁止探望产妇。有的人家还要将产妇移到屋外搭棚居住。待婴儿满月后，视灵柩下葬情况再决定产妇是否可以回屋居住。随着时代的发展，血液禁忌也发生诸多变异，其中的典型代表就是红色禁忌。例如给人写信时，忌用红色墨水，否则会被视为与收信人绝交。在许多人的眼中，红色也可以辟邪，这种观念一直延续至今。

最后是灵魂的禁忌。在中国人的观念中，"魂附于形而魄附于气也"。民众普遍认为人的灵魂是附着于具体形体之中的，所以忌讳别人踩踏自己的身影。他们还觉得镜子中的影像也是人类的魂魄。在《西游记》、《红楼梦》等民间小说中呈现的"魔镜摄魂"等情节，正是上述民间禁忌心理的艺术再现。曾几何时，民众还对画像有所忌惮：一旦形象被画在纸上，灵魂也随之被拿去。在他们的经验里，在惩治他人的时候，时常会将其肖像画于纸上，并极尽破坏之能事，以达到目的。照相术传入中国之初，民众对照相同样是心存恐惧，并认为其会带走魂魄，非常危险。随着认识和了解的加深，人们对影像的畏惧有所减弱，甚至有些人会以相片多为荣。

尽管各式各样的禁忌迫使普通民众自觉或不自觉地规范自己的一举一动，但是这并不意味着日常生活、生产完全被禁忌束缚住。即便触犯了某些禁忌，他们也会以五花八门的禳解方式，降低危险程度，甚至是转危为安。

禳解大致可以分为两类：一是事先设防，自觉遵守，使自己进入一种无禁忌的状态。首先是"百无禁忌"。所谓百无禁忌指的是依赖于这种禳解仪式，形成一种极为宽泛的无禁忌状态，表达了民间破除禁忌的理想与愿望。例如"姜太公在此，百无禁忌"。此外，一些特定的岁时节令，也是诸神退后、百无禁忌的时刻。例如旧时，在华北地区有"趁乱岁"的风俗习惯，即腊月二十三日以后，有关婚娶的一些禁忌逐渐解除，除"百无禁忌"外，人们还相信一些特殊的物品能帮助自己克服触犯禁忌后所带来的危害。例如太极八卦图。在台湾等地，民众要在花轿边上挂上绘有太极八卦图案的米筛，用以禳解婚礼上可能触犯的禁忌。又如《周易》等经书也有禳解禁忌的功能。在常州一带，男女老幼无论识字与否，出门的时候，都要带上一册《周易》。此外，瑞兽图案、符咒、铜镜、爆竹等物均能够减轻民众由于触犯禁忌而造成的心理压力，达到禳解的目的。

二是对违犯禁忌的各种补救。其中有些补救方法存在某种无限泛化的嫌疑。例如清光绪年间，高州大旱，民众以为地方官杨子晴的名字不利于降雨，迫使其改名，用以破除禁忌，解除干旱。另外，有些补救是希望灾祸、报应不能真正兑现。例如旧时民间有忌新娘串门的风俗习惯。在江宁一带，若新娘犯忌串门，则令斋百怪祛除不祥。在这个过程中，男穿女衣，女着男服，夫妇双双顶礼，直至仪式结束后，才能离开。又如江西一带的民众在重阳节会登高掷柑。这一风俗习惯具有特别的意涵。当地普通民众普遍认为，若有犯禁忌者，重阳掷柑，可将灾祸转移。再如湖北地区的普通民众在亲人死亡的"头七"至"七七"都有相应的禁忌需要遵守，若触犯这些禁忌，需要延请僧人礼佛诵经，此为"打七"。另外，在各地流传的一些民间俗语，也和禁忌的禳解有关。例如"一身正气，能退百邪"、"破财免灾"等，皆含此意。

总的来说，禁忌除具有神秘性、功利性和神圣不可侵犯性、社会整合性等特征外，还有一定的危险性：所有的禁忌都向普通民众通报了一种险境的降临，让他们必须小心行事，方可避免危险的出现。违犯禁忌者，就会受到来自超自然力量的诸多惩罚，危险很大。禁忌的危险性大多通过接触、视听、心灵感应等手段传递。在这一过程中，被视为禁忌的事物也可以通过一些手段祛除其危险性。人们触犯了禁忌后，也有事后补救的禳解手段，可以转危为安。尽管如此，禁忌仍使普通民众不敢越雷池半步。

　　禁忌还具有以下几种功能：一是自我保护的功能。禁忌往往呈现出一种颇为神秘的状态，提醒人们在衣食住行、婚丧嫁娶、岁时年节等诸多方面谨慎行动，对可能危害普通民众的事情起到警示作用，还可以抵御某种可能到来的灾难。二是心灵抚慰的功能。禁忌可以弥补普通民众对恶劣的生存条件的失望情绪，使其在面对生活挑战时增添些许进取心。三是整合社会的功能。禁忌在一定程度上维护了社会秩序，起到了控制民众思想和行为的作用，即反对思想和行动上的绝对自由，从而使某种社会秩序得以建立和稳定。正因为如此，禁忌才逐步演化为中国民间信仰的重要组成部分，并不断地传承下来。

五 女神崇拜

在中国民间信仰中，女神崇拜具有悠久的历史和独特的内涵，拥有大批女性信众。自古以来，中国便有祭祀女神的传统；各种宗教、信仰组织有吸引女性信众的需要；女性具有一些与男子不同的生活、精神需求。这就造成众多女神及其信仰的产生和延续。女性神灵不仅是中国民间信仰神灵谱系中的重要组成部分，而且还随着历史的发展而日渐增多，以致接受中国民众虔诚祭拜的女神数不胜数，各有各的奇妙之处。值得注意的是，这些女神和女性的基本生活诉求密切相关，例如生育、婚姻爱情、保佑自己及家人平安顺利。换而言之，民众是按照自己的现实需要，制造或塑造女性神灵，赋予其神性，进而加以崇信的。

对生命本源的崇敬

中国民众一贯讲求阴阳调和，以生万物，因此在他们所尊崇的祖先神灵中，也出现了一些女性的身影，借以表达对生命本源的崇敬。其中以女娲和无生老母较为著名。

女娲在中国民间信仰神灵谱系中是一位声名显赫的女神。大约在战国末期成书的《山海经·大荒西经》和《楚辞·天问》是目前已知较早记载女娲神迹的古典文献。因为女娲是人面蛇身，法力无边，变化无穷，一天能有七十变，所以民众认为她是福佑黎民的始祖神，而倍加推崇和敬仰。在民间，女娲有"老奶奶"、"妈妈"、"人祖姑娘"、"娲皇圣母"、"女娲娘娘"等不同称谓，是一位无所不能的祖先神。

在华北各地生活的普通民众多信仰女娲。位于河南省西华县以北 12 公里的思都岗是传说中女娲的都城，1981～1986 年，考古工作者曾在此发现女娲城遗址，为女娲都城之说提供了有力的实物证据。当地普通民众为了表达对女娲的虔诚信仰，每年农历正月十二到二十日都要举办规模盛大的庙会。在庙会举行期间，方圆数百里的民众纷纷不辞辛劳，赶来进香、祈福和许愿等。

河北邯郸涉县的中皇山，也建有一座远近闻名的女娲庙——娲皇宫。据民间传说，此处是女娲抟土作人、炼石补天的地方。娲皇阁是娲皇宫的主体建筑，上下共分四层，第一层为拜殿，供奉着"当央奶奶"（女娲）和她背后的九天玄女；第二层及第四层分别是清虚阁和补天阁；第三层乃造化阁。女娲手里托着一个男孩，位于中央，以主管生育的女神形象接受信众的顶礼膜拜。相传农历三月十八日是女娲生日，普通民众也在这一天不约而同地前来赶庙会。据娲皇宫内的碑文记载，"每岁三月朔启门，越十八日为神诞。远近数百里男女坌集，有感斯通，无祷不应，灵贶昭昭，由来久矣。"在参加庙会的普通民众中，有很多是为求子而来的妇女。她们在向送子娘娘叩头烧香许愿后，取神药（香灰）回去用水服下，或者用一根红头绳将送子娘娘像前的一个布娃娃拴住，并揣在怀里，不再回头，一直走到家。日后果真生了孩子，还要再来祭拜女娲烧香还愿，并送还三个泥娃娃或布娃娃到娘娘的神案上，此谓"送一个还三个"。除求子外，民众还赋予女娲保护家人平安和幸福等职能。他们去娲皇宫进香，俗称"朝顶"。朝顶之人上山前要净身洗手，以示恭敬。品德不好、作风不正派的人即民众所谓不干净的人则被取消去朝顶的资格。前往娲皇宫朝顶者不能受人邀约而不去，而且一去就得连续三年不能间断，否则就不吉利。此外，来自山西的普通民众进香时常带些小米，撒在功德箱和十八盘山路上，用意有二，一则送给女娲喂猫，二则祈求女娲保佑五谷丰登。除前往娲皇宫朝顶外，还有很多普通民众在自己的家中朝着娲皇宫的方向烧香祈福。

无生老母，在民众的心目中也是一位重要的女性创世神。明朝正德年间，罗教的宝卷里就提到"无生父母"。到了万历年间，无生老母的神格逐渐固定。在普通民众的眼中，无生老母是无生无灭、不垢不净、至仁极慈，既能够创造一切，也能毁灭一切的神，是创造宇宙、人类的造物主和救苦救难的救世主。这恰好迎合了广大普通民众祈福求祥、趋吉避凶的心态。

在他们的观念里，无生老母既能普度众生到安养极乐国，又能使人同归家乡，不入地狱。

明清时期的民间宗教多将无生老母奉为最高神，如无为教、天理教、青莲教、大乘教等。"真空家乡，无生老母"是民间宗教的"八字真言"。"无生"之意为"永无生死"，"真空"则有佛教"四大皆空"之意。"真空家乡，无生老母"说的就是无生无灭、法力无边的"无生父母"，能够拯救众生脱离苦难，进入"真空家乡"的极乐世界，永享荣华。一些反抗专制统治的民间宗教组织，还赋予无生老母以新的意涵。因此，不论是乾隆三十九年（1774年）爆发的山东清水教起义，还是嘉庆年间发生的天理教起义，抑或道光二十五年（1845年）出现的四川青莲教起义军，均奉无生圣母为最高神，并宣称"圣母降生，刀枪不入"。

鸦片战争后，为了抵抗西方列强的侵略，广大普通民众坚信无生老母能够支持自己的正义斗争，从而使无生老母信仰的社会影响不断扩大。据对义和团运动研究颇深的美国学者周锡瑞考证，无生老母崇拜是义和团运动的重要信仰依据。民众普遍相信她是人类之祖，非常关心她的孩子，于是派弥勒佛下凡予以拯救。

除此之外，在河北的保定及附近地区，还流传着许多与无生老母信仰相关的故事。如保定某道台拆了无生老母庙内的小塔之后不久，他家的千金小姐就突然得了怪病，尽管四处求医，依然久治不愈。后来，多亏了"老母奶奶"托梦点化，这个道台才知道一切祸端皆因拆小塔而起。于是，他立即重修小塔，小姐的病也神奇地痊愈了。在这类故事流传的同时，无生老母的"法力"也在不断地增强。同样是在保定，生活在城东乡的民众曾流传这样的故事：老母奶奶日理万机，忙不过来，便把送子的任务交给二奶奶、三奶奶去办。由于二奶奶不善于针线活，做活粗针大线，而三奶奶手巧心细，细针密线，做得一手好针线活，所以哪个家庭生了儿子，要先瞧瞧小孩的蛋包（即阴囊）中间那条线。此线也有个说道，如果纹理粗宽，就说这个孩子是二奶奶送的；倘若纹理细密，则说是三奶奶所赐。在当地，关于无生老母的故事还有很多。据村里的老人说，有一家人为了祈子，从无生老母庙拴来个泥娃娃。谁也没有想到，这个泥娃娃被家里的人拿来玩了，还用针尖在泥娃娃的左眼瞳仁上刺了一下。后来这家的年轻妇女怀孕了，可孩子降生后，发现左眼有个天生的萝卜花。诸如此类的故事几乎无一例外地成为了"老母奶奶"具有无边法力、极为灵验的证明。

　　无生老母一般都会供奉在无生老母庙中，有的地方也将无生老母庙称作老母奶奶庙，定期举办庙会。每年农历三月三日，在河北保定的国公营老母奶奶庙都要举行规模盛大的庙会，为期五天，吸引着生活在周围甚至很远地方的普通民众前来祈福许愿。而在河北沧州、河南安阳等地的普通民众中，亦有无生老母信仰的流传。

神灵的母性光辉

女性格外关注传宗接代的事情。对她们来说，是否能够得到神灵的眷顾，生个男孩，直接关系到自己在家庭、家族中的地位以及个人的幸福。因此，与生子有关的女神受到了她们的顶礼膜拜，其中的代表便是子孙娘娘。

子孙娘娘又名子孙保生之君，是主管生育之神。其形象为手抱小儿的女性。各地普通民众敬奉的子孙娘娘，名号并不一致。在广州，子孙娘娘名叫金花夫人，供奉在金花庙内；在北京，子孙娘娘的名号很多，例如乳母娘娘、子孙娘娘、天仙娘娘、催生娘娘、培姑娘娘、送生娘娘。台湾地区的子孙娘娘为注生娘娘。这位注生娘娘是从大陆传过去的，原为福建临水的陈夫人，又被当成妇女难产之神。注生娘娘的神像为左手拿生育簿，右手执笔，表示每一位妇女该生几个子女，她的生育簿上都有记载。旧时，每年农历三月二十日是注生娘娘的圣诞日。当天，广大妇女多拜之，以祈求生子、保胎，婴儿长命百岁等。

在关注生育问题的同时，妇女们还希望家人平安和健康，因而也虔诚地祭拜有各种神力的女神。闪电娘娘又称电母，主司闪电。她是一位相貌端庄的女性，身着红衣白裤，两手各拿一面镜子。在普通民众的观念中，闪电娘娘时常与配偶雷公神成对出现，是为"雷公电母"。人们的解释是雷出天之阳气，是男性的象征；电出地之阴气，是女性的象征。

关于闪电娘娘，民间还有这样一个传说：很久以前，天上有一位负责打雷的天神，手上的武器是专门用来对付随便浪费食物的人。有一位寡妇很穷，却很孝顺，煮好的白米饭给婆婆吃，自己吃不用花钱买的胡瓜子。有一天，她的这个秘密被婆婆发现。婆婆不忍心，就把白米饭偷偷跟媳妇的胡瓜子换了，结果被媳妇发现后，两人互相推让。媳妇只好把胡瓜子拿到屋外倒掉，免得被婆婆拿去吃了。雷公看到了，以为她糟蹋粮食，于是就把她劈死了。玉皇大帝知道此事后，责怪雷公太大意，竟然劈死了好人。雷公也很难过，辩解道："每次都是下雨天出去，乌云密布，黑压压的，看不清楚才出错的。"于是，玉皇大帝就把被雷公劈死的寡妇封为闪电娘娘，在雷公还没打雷之前，先用闪电宝镜照一下，让雷公看个清楚，免得再出差错。自古至今，民众一直相信闪电出现之日，就是闪电娘娘陪伴雷公下界之时。

扫晴娘又称扫天婆，为祈雨止晴之神。该信仰于元朝时期已经在民间流行，明清两代更是盛极一时。每逢阴雨天气，妇女们纷纷动手剪纸人。纸人的形象为白首红衣，手持扫帚。妇女们将纸人拴在竹竿上，挂在屋檐下，以求驱散阴云，迎来晴天。

花神本属于自然崇拜的范畴，随着时代的变化，逐渐被人们赋予人格特征，特别是女性特质。在中国大部分地区，花神所指的是汉惠帝的皇后张嫣。张嫣是鲁元公主的女儿，12岁时（实为10岁），嫁给了汉惠帝。可是，汉惠帝当时已经因为"人彘"事件痛苦不堪，整日与宫女厮混、饮酒。婚后 3 年，他便抑郁而死。15 岁的张嫣于是成为了有名无实的皇太后。汉文帝即位后，她失去了皇太后之位，迁往北宫。不到 40 岁，她也去世了。入殓时，宫女们惊奇地发现，张皇后至死依然是处女。因而，天下的臣民无不怜惜她、怀念她。于是，人们纷纷为她立庙，定时享祭，尊她为花神。

此外，苏州等地的普通民众还将古代历史上 12 位著名女性附会为花神，有"十二花神"之说。这十二花神分别是正月梅花神寿公主，二月杏花神杨玉环，三月桃花神息夫人，四月牡丹花神丽娟，五月石榴花神卫氏，六月荷花神西施，七月葵花神李夫人，八月桂花神徐贤妃，九月菊花神左贵嫔，十月芙蓉花神花蕊夫人，十一月茶花神王昭君，十二月水仙花神洛神。花神信仰在流传的过程中，被民众赋予了不同的意涵。明代以前，花神是女性之美的象征。明清以后，花神开始与婚姻、爱情和生育有关。因此，祭祀花神者以妇女为主。旧时，在许多地区，民众祭祀花神的日子一般选在农历二月初十前后，是为"花朝"，俗谓"百花生日"。当天，女性在花圃内祭祀花神，据说这样可以使草木茂盛。因为由花神演变而来的还有香神，所以妇女们一般共同祭祀花神和香神，以祈求花开不败，芳香浓郁。在一些地区，花朝还是父母为子女约定婚姻的好日子。在湖北省安陆县，这一日，年轻女子要穿耳洞，年龄在十二三岁以上者还要留发，以便于家长为其选择配偶。

嫦娥本作"姮娥",因西汉时期要避讳汉文帝刘恒的名讳而改称"嫦娥",又作"常娥"。她是中国神话中的月宫女神,而嫦娥奔月的神话更是为普通民众所津津乐道。这个神话在《淮南子·览冥训》中就有生动表述:后羿向西王母求得长生不死药后带回家中,没来得及服食就被他的妻子嫦娥盗食了。嫦娥吃了不死药之后,不觉身子轻飘飘地飞离地面,奔入月中。后羿发现以后,以箭射嫦娥,可是并没有阻止嫦娥进入广寒宫,成为月宫女神,并永葆青春。因而,每逢中秋时节,各地妇女多祭拜嫦娥,希望自己也能青春永驻。

天宫之中掌管民众婚姻、情感的女性神灵不少,其中就包括织女。织女,亦被称作七仙姑、天仙娘娘。她是天帝孙女(或女儿),排行第七,擅长编织云彩,遂被视为纺织业者、情侣、妇女、儿童的保护神。有关织女的神话故事很多,以织女配牛郎的这则传说流传最广。牛郎是个善良的年轻人,父亲死后,他被狠心的哥嫂赶出了家门,与一头为金牛星下凡所变的老牛相依为命,过着艰苦的日子。有一天,老牛突然开口说话,说要帮助他找个媳妇。于是,他们来到了湖边,看见了正在湖中洗浴的七位仙女。她们都是王母娘娘的孙女,同时也是织锦高手,天上的朵朵彩霞就出自她们之手。其中最漂亮的女子就是王母娘娘最小的孙女织女。牛郎在老牛的帮助下,藏起了织女放在湖边的衣服,使得她无法飞回天宫;织女也喜欢上了牛郎，做了牛郎的妻子。婚后，他们过着男耕女织的幸福生活，并生养了一双儿女。可是，玉皇大帝硬是让王母娘娘把织女带回天宫。牛郎只好眼睁睁地看着心爱的妻子离开，却无计可施。老牛告诉牛郎，在它死后，用它的皮制作一双鞋，穿上之后就能飞上天。当天，老牛果然死了。于是，牛郎穿上用老牛的皮制成的鞋，挑着一双儿女飞上天去追寻织女。眼看就要追上亲人了，狠心的王母娘娘拔下头上的金簪子，在牛郎和织女之间划了一下，顿时出现了一条波浪滔天的大河，把他们隔在了河的两边。一家人再次被生生拆散，只能隔河相望。情急之下，牛郎和两个孩子一起用瓢舀水，希望能够把河中的水舀干。他们的举动感动了喜鹊，成千上万只喜鹊从各地飞来，搭成一座鹊桥，让牛郎织女得以相聚。最后，王母娘娘也没有办法，只好允许两个人在每年的七月七日这一天相会于鹊桥。

旧时，每年农历七月初七，各地普通民众都要举行隆重的活动，祭拜织女。在河北省定县（今河北省定州市）等地，每逢农历七月初七，妇女都要穿针乞巧。在山西省的岢岚地区，每到七夕之夜，除了女子穿针之外，书生也要执笔乞巧。只不过书生乞求的不是心灵手巧、纺线织布，而是希望自己能够才华横溢、金榜题名。在河南省郑县（今河南省郑州市）等地，普通民众非常重视过七夕节。人们除了在庭中或楼台之上设宴以外，在晚上还要演出"优人百戏，鼓鼙喧阗"，热闹一番。其中当然少不了《牛女会》。在舞台上，布景作天河状，中央有一座桥，桥内张灯，如鸟鹊填桥一般。桥上以电光结彩，象征牛郎织女各星。在安徽，观彩云是妇女们过七夕节的主要活动之一。在江苏、四川等地生活的女子，亦有观彩云的风俗习惯。若七夕当日恰逢阴雨天气，民众则谓之"洒泪雨"。

地处岭南的广东亦保留着许多有关祭拜织女的风俗习惯，如"七娘会"，在民间多称之为"拜七姐"。这种活动从清初就开始逐渐盛行，一般是以少女和已婚的年轻妇女为主体，男子与老年妇女多是在一旁观看，并行礼祭拜。"拜七姐"的筹备时间比较长，早在六月的时候就要把一些稻谷、麦粒、绿豆等浸泡在碗里，让它们发芽。临近七夕的时候，人们还要亲手制作各种各样的精美手工艺品。到初六的当晚（一说初七晚上），妇女们还要在家中厅堂上将自己制作的各种精致的花果、器物和宫室制品及女红等物，如以牛郎织女为造型的雏偶，即布娃娃等一一摆列，以展示自己的手艺，并用米粒、芝麻、灯草芯、彩纸制成各种形式的塔楼、桌椅、瓶炉、花果、文房四宝及各种花纹和文字的麻豆砌成的供品；另外，化妆用品也被当做供品，如小胭脂盒、镜、彩梳、绒花、脂粉等都要一一陈列，既供织女观赏，也供自己使用。女子们在这天晚上都要尽情梳妆打扮，穿上自己喜爱的衣服，并邀请亲友共度佳节。女子参拜织女后，还要暗取丝绸穿针孔。但是，这种行为并不完全是为了乞巧，另有"金针度人"的含义在内。在这之后，人们还要焚烧一个纸制的圆盆，里面放置着纸制的衣服、巾履、脂粉、镜台、梳篦等物件共七种，名曰"梳妆盆"。初七日的中午，子女尚未成年的家庭，要在屋檐前礼神。结束后，家长要燃烧一个小的梳妆盆，这样，子女就不会生疥疮。到了夜间，童子们要参拜牛郎，女子们则不能参加。然后她们围坐于八仙桌旁，做着各种游戏。民众可以自由前往各处，参观别人家陈列的物品。半夜12点钟，是织女下凡的吉时。于是，人们把所有的灯彩和香烛都点燃，喜迎七姐，然后欢宴一番，自行散去。除了宴会之外，人们在这一天还要曝晒衣服和书本，并储备一些井水以酿酒。因为这一天是仙女下凡洗澡的日子，所以水也被视为"圣水"。在广州，人们多以舟楫为家，因此，在七夕这天，女子们为亲近织女沐浴过的圣水，还要以茉莉装点船只，用翠羽装点船篷，泛舟水上。

在地处齐鲁大地的山东，每到这一天年轻的女子们都要穿着新装，聚集在一起，共同祭拜七姐神（即织女）。有的人还唱道："天皇皇地皇皇，俺请七姐姐下天堂。不图你的针，不图你的线，光学你的七十二样好手段。"在陕西一带，过七夕节时女孩子们多会做成一个一米多高、用稻草扎成的"巧姑"（又叫巧娘娘，即织女），并给她穿上绿袄红裙，坐在庭院里；然后再给她供上瓜果，进行参拜。

总而言之，祭拜织女的这些风俗习惯均凝聚着并寄托了人们对美好生活的向往，反映了广大民众特别是女性对婚姻和家庭幸福的追求，包含着她们对爱情的渴望和期盼。尽管对织女的祭拜在全国各地的形式不尽相同，但是由于地域等因素所造成的差异并没有破坏信仰本身的整体性，反而为其增加了更多的色彩，使之呈现出丰富性和多样性。然而，这一信仰活动在某些地区也面临着失传的窘境。还有一些地区的普通民众虽然仍然继续举办七夕乞巧的活动，但是却消解了其中最为重要的信仰内涵。难得的是，在河北石家庄和山东沂源等地的民众，对织女的信仰依然执著，并赋予其新的时代意义和现代理念。

在中国民间信仰中，有位女性天神——西王母千百年来受到广大普通民众的虔诚供奉和祭奠。西王母，又称王母娘娘、瑶池圣母。在《列仙全传》中，有一些关于西王母由来的介绍。西王母"姓杨，讳回，字婉妗，一字太虚，配位西方，与东王公共理二气，调成天地"。可见，她是掌管天界的最高女神。在民众心目中，西王母不仅掌管所有得道成仙之女子，而且执掌天象、医药、刑法等繁杂事务。追求长生不老的民众尤其推崇她，相信吃了王母娘娘蟠桃园里面的蟠桃就能长寿。这显然是受到神话、小说的影响。《淮南子》、《览明子》、《搜神记》等便记述了羿向西王母祈求不死仙药的故事。明清小说中更将王母娘娘视为玉皇大帝的配偶，并有了一个专属的蟠桃园。在《牛郎织女》、《西游记》、《宝莲灯》等民间故事、小说、戏剧中，西王母的形象更加丰满，一直扮演着惩罚违犯天规神灵的角色。

为表达对西王母的敬畏之情，普通民众在各地建立了很多供奉西王母的庙宇。在民间传说中，普遍将农历三月初三说成是西王母蟠桃会期。当天，久居城市的女性也会结伴到郊外去踏青，以娱身心。在台湾花莲的慈惠堂，每年围绕西王母崇拜，还要举行三次祭祀典礼。一是农历二月二十八日，为西王母金身安座之堂庆。二是农历七月十八日，为西王母之诞辰。三是农历九月一日至九日，为拜斗盛典。其中以二月二十八日堂庆最为热闹。

麻姑也是一位深受民众喜爱的与祝寿有关的女神。关于她的来源，可谓众说纷纭，存在三种不同说法。一说她是晋朝时期仙人王远的妹妹，能够穿着木屐在水面上行走和点米为砂。后来，她逐渐演变为寿星。二说她是北赵十六国有名的残暴将领麻秋的女儿。由于麻秋生性暴虐，在役使民众筑城时，不论是白天还是黑夜都不让民众休息，只有在鸡叫的时候才允许人们稍作休息。麻姑同情民众的境遇，自学口技，常常学鸡叫，这样别的鸡也就跟着叫，人们就可以休息了。后来，她的这一举动被父亲发现。父亲要打她，麻姑便逃到仙姑洞修道，后来从桥上升天成神。三说麻姑是秦始皇之女，她虽然相貌平平，却聪明伶俐，心地善良。秦始皇修筑万里长城时，为了加快工程进度，便派了大批的士兵做监工，谁要是干得慢，就用皮鞭拼命抽打。他还命女儿麻姑到工地去宣读圣旨，让苦工们三天吃一顿饭。善良的麻姑不肯这么做，于是就跪下来向秦始皇求情。秦始皇一听，火冒三丈，遂将麻姑斩首。麻姑死后，被民众奉为神灵。有些地区的普通民众还在每年农历七月十五日举行隆重的仪式纪念麻姑。在不少地区流行的民间年画中，"麻姑献寿"都是一个重要题材。麻姑的形象或腾云，伴以飞鹤；或骑鹿，伴以青松；也有直身托盘作献物状，手中或盘中一般有仙桃、美酒或佛手。每逢祝寿时，民众必写出"麻姑献寿"的字样，或绘制麻姑的形象，以求祝寿的吉利。

为万世开太平的女神

值得特别关注的是，还有一些女神受到当地普通民众的虔诚供奉，满足着人们的信仰需求。在山西省东南部一些地区世代生活的普通民众就长期虔诚祭拜二仙奶奶。二仙奶奶是两位仙人，本来是一对生活在屯留李村的同胞姐妹。她们虽然诞生在一个普通的农民家庭，但是自出生之日起便与众不同，聪颖异常，七岁时就能出口成章，行为举止大方。因此，当地的读书人就认定这两个女孩为仙人之辈。

在当地普通民众之中还流传着这样两则有关二女成仙的神话传说。其一是说由于遭到继母的虐待，姐妹二人在冬天还要身着单薄的衣物到山上采蘑菇，供家人食用。一天，由于没有任何收获，她们二人特别害怕遭到继母的惩罚，不禁痛哭不已。是时，恰有黄龙经过，闻听哭诉，遂将二女点化为仙人。其二是说二人长大成人之后隐居山林，遇到得道仙人并被授以采药之法。于是，她们也得道成仙，被普通民众奉为神灵。

在当地普通民众的观念中，二仙奶奶具有多重神格，对民众的种种诉求几乎是有求必应。干旱的时候，只要民众祈祷，便会下起雨来。生病的人祈祷二仙奶奶，疾病就会痊愈。祈求生男孩的人一定会生一个聪明的男孩，祈求生女孩的人一定会生一个漂亮的女孩。二仙奶奶信仰产生于晚唐五代时期，到了北宋年间逐渐成熟，得到官府的重视。这是因为一方面民众将现实生活中的种种愿望寄托在二仙奶奶身上，满足了信仰需求；另一方面是由于她们的身上集中了许多美好的品质，官府也希望利用民众对二仙奶奶的虔诚敬奉，进一步掌控当地普通民众。因此，在这一时期对二仙奶奶的崇拜几乎遍及整个山西东南地区。金朝以后，新建的二仙庙宇明显减少，二仙奶奶崇拜开始走向衰落，因此始终没有走出晋东南地区。究其原因似乎是晋东南地区的地理环境较为闭塞，民众对二仙奶奶的信仰一直处于相对孤立的状态。另外，二仙奶奶的信仰者以下层普通民众为主，很难凭借文字来完成信仰的传承和散播。这也使得二仙奶奶信仰在进一步的发展中遇到一定的困难。地方官府只是利用民众对二仙奶奶的崇信，加强对民众的管控，实施教化，没有致力于推动该信仰向更广大的地域范围传播。因此，除与山西东南地区接壤的山西南部、河南北部等地有零星的二仙庙宇外，其他地区均很少见到二仙奶奶崇拜的踪迹。

河北省安平县的地方女神——圣姑也遇到同样的命运。圣姑原名郝女君，本是安平县会沃村（古村名，亦有说是郝家庄）的一名普通的农家姑娘，大约生活在周朝末年。之所以将其奉为神灵，赋予其神性，源于她的孝道。相传她为侍奉父母，一生未嫁。而圣姑解救汉光武帝刘秀的故事，更为她增添了神异色彩。相传汉光武帝刘秀早年起兵，途经圣姑所在的村庄时，人困马乏，郝女君帮助刘秀解决军队的饮水问题。刘秀人马饮饱之后，追兵又到。刘秀求郝女君救他，只见郝女君把洗衣水往地上一泼，立即成了一条波涛汹涌的大河，追兵无法过河，刘秀得救。刘秀在起兵成功后，特别感念郝女君的佑助。当他路过一座祠庙时，发现祠庙塑像与救他的郝女君一模一样，于是认定就是得到这位女神的相助。随后，刘秀封其为"孝感圣姑"，下旨为其在安平城修筑庙宇，名为"孝感圣姑庙"。

随着民众对这则传说的口耳相传，在当地普通民众中间祭拜圣姑者越来越多。圣姑于是逐渐被赋予多重神能。在安平县城北的圣姑庙内，圣姑受到普通民众的虔诚供奉和祭拜。在庙的中间端坐着圣姑，与她并排而坐的女神分别是二姑和三姑，二姑在东面，三姑在西面。据当地的普通民众传说，二姑、三姑是邻家的姑娘，与圣姑是结拜姐妹，三姐妹均未嫁人。在圣姑庙内，还有众多神仙齐聚一处，如送子娘娘、偷子娘娘、药神等。

圣姑崇拜还带动了圣姑庙会的兴起和发展。其中每年农历六月和九月的庙会非常热闹。这两次圣姑庙会分别从六月六日和九月十六日开始，每次持续5天的时间。每逢庙会，各地的善男信女纷至沓来，到圣姑庙祈求神灵降恩赐福，满足普通民众诸如求祛病、求子、求平安、求买卖兴隆等愿望。在上香祭拜的普通民众之中，女性占了大多数。她们先是向圣姑许愿，有的是为了给自己或亲人治病许愿，有的是为了求子，还有的是为老人健康等。"没水时各村请圣姑，请圣姑像求雨，求老圣姑的雨。"老人们在回忆请圣姑降雨时，饶有兴致地讲述圣姑是如何如何灵验，"有的时候走不到家就下雨了"。还愿时，她们则要缝制衣服，献给圣姑。

在当地民间还流传着一种"请圣姑"的风俗习惯，即到圣姑庙上请圣姑，然后抬着圣姑像去自家村庄供奉。请圣姑是一项庄重而热闹的活动，当地老人们至今大都还记得请圣姑的队伍抬着圣姑像从自家村旁浩浩荡荡经过的情形。普通民众请圣姑多为祈雨。不过有两个村庄例外，一个据说是圣姑姥姥家的王留氏，另一个是圣姑家所在的闫会沃。其中王留氏请圣姑的原因是希望她在姥姥家住几日。而闫会沃请圣姑的原因是希望她到家乡避暑。

然而，由于缺乏足够的文字记载，诸如二仙奶奶崇拜、圣姑崇拜的某些内容和仪式在历史的传承中难免有所缺失。值得庆幸的是，这些地方性女神崇拜借助在民间的不断传承而保留了下来。

还有一些为人们所熟知的女神如泰山娘娘、天后等则由地域性崇拜扩展为跨区域崇拜，由单一职能转变为多种职能，在民间传承的同时也添加了一些官方色彩。

泰山娘娘，又称泰山奶奶、泰山玉女，抑或泰山女神、碧霞元君、神州姥姥。有关泰山娘娘的身世，自古至今，众说纷纭，存在着东岳大帝的女儿、东岳大帝的配偶、黄帝之女等不同说法。随着泰山娘娘信仰的逐渐普及，其形象和神职也有所变化，从强调她与士绅的关系，维护正统的社会秩序，转变为传扬她如何凭借自己的聪明才智战胜男性神仙或者官员，从而帮助普通民众的各种功德。

泰山娘娘信仰于两宋时期开始出现，自公元16世纪中期以降，在民间信仰中逐渐占有越来越重要的位置。由于泰山娘娘大慈大悲、有求必应，因而在民众心目中的地位也越来越高。

泰山娘娘所具有的功能主要有以下三种：一是送子保育。泰山碧霞祠及其泰山附近奉祀泰山娘娘的庙宇都主祀泰山娘娘，配祀送生娘娘等。在山东其他地区的娘娘庙也多是如此。因此说，山东等地祈求子嗣的普通民众多求之于泰山娘娘以及送生娘娘等神灵。这些普通民众不辞辛苦来到泰山碧霞祠或奉祀泰山娘娘的庙宇烧香叩头许愿之后，还要祭拜送生娘娘并用红线或红布条拴个娃娃回去。送生娘娘的供台两侧分别排列着若干娃娃，男左女右，供人们选择。近年来，到泰山祈子嗣的民俗活动又增添了一些新内容，那就是压枝与拴枝。所谓压枝是指用石头压在树枝上，谐音"押子"；所谓拴枝是指用红布条拴在树枝上，谐音"拴子"。不论是压枝还是拴枝都与普通民众希望拥有男性子嗣的愿望息息相关。

二是祛病防疾。泰山娘娘庙内等待朝拜的诸位神女中，有很多是与祛病消灾有关的，如眼光娘娘、瘢疹娘娘、耳光娘娘等。但无论如何，她们在普通民众的心目中都不如泰山娘娘碧霞元君更能帮助民众祛病防疾。在为数众多祈求祛病的普通民众中，有祈求娘娘显灵者，为本人祛除疾病者，也有为亲朋好友祈求祛病者。至于那些为了父母双亲祈求祛病的普通民众，既不乘车坐轿，也不是双腿不停地赶路，而是从山下或更远的地方一路叩头至山顶。其中有十步一叩头者，有五步一叩头者，有三步一叩头者，有一步一叩头者。更有甚者，自走出家门之后就一步一叩头，一直叩到泰山碧霞祠娘娘像前，以表达自己和家人对泰山娘娘的虔诚信仰。除祈求祛病外，民众对泰山娘娘的祭拜还有一种预防疾病的诉求。不少普通民众在碧霞祠院用硬币或石块磨御碑，口里念叨着这样的话："御碑磨，御碑磨，磨碰御碑不生病"，然后用磨碰御碑的手摸摸头，摸摸胸，摸摸腰等身体的不同部位，说摸什么地方，什么地方就不生病了。另外，还有一种风俗习惯是把摆放在泰山娘娘面前的供品，诸如水果、糕点、鸡蛋之类，拿一点吃掉或带回家送给亲朋好友分享，以得到泰山娘娘的保佑而不生病。

三是保护民众平安生活。泰山娘娘还是民众的"保护神"，行侠仗义，除暴安良。据说，泰山娘娘原是玉皇大帝的妹妹，二人在争夺泰山的时候，玉皇大帝败在泰山娘娘之手。他心中有气，要淹掉泰安州的一千个村庄。泰山娘娘心地善良，不忍心看普通民众遭殃，就耐着性子向玉皇大帝求情。但是他就是不答应，泰山娘娘只好另想办法。大雨从六月初一直下到七月十五。玉皇大帝问她："一千个山庄淹没了没有？"她回答道："淹没了，你瞧！"玉皇大帝从天宫往下一看，发现炊烟四起，庄稼葱绿，只有泰山东南方向的"十百村"淹没了，其他村庄安然无恙。玉皇大帝勃然大怒，质问泰山娘娘："要你淹一千个村庄，你为什么只淹了个'十百村'"？泰山娘娘十分冷静地回答道："叫淹一千个村庄，我就淹'十百'。'十百'这不是'一千'吗？"无可奈何的玉皇大帝虽然没占到便宜，却不肯善罢甘休："这回算你有理，我再叫你淹一万个庄子。"泰山娘娘急中生智，把雨水全都倾倒进了东海。倾盆大雨又从七月十五下到九月九。玉皇大帝没等泰山娘娘前来报告，便从南天门悄悄窥视大地。他所看到的是泰安州的民众正在赶山会，不禁惊叫一声："啊呀！又上当了，我要她淹一万个村庄，原来她只淹了一个叫'万家庄'的村子。"从此，玉帝大帝就不再为难泰山民众了。于是，泰山的普通民众更加感激泰山娘娘用自己的聪明智慧保佑大家平安生活。

对泰山娘娘的崇拜不仅在普通民众中间广为传播，而且相关的祭祀仪式也逐渐融入民众的日常生活，成为中国民众信仰生活的重要组成部分。泰山娘娘的诞辰为农历四月十八日（一说农历三月十五日）。每逢此时，建在泰山上的所有供奉泰山娘娘的庙宇均要举行隆重的庙会，吸引着来自四面八方的普通民众祭拜泰山娘娘。于是，一种新的社会组织出现了，这就是香社。香社是由一些普通信徒参加的结社组织，宗旨是"乐行善事"，即为民众进香提供各种各样的方便。因此，许多民众来泰山给泰山娘娘进香都是跟随着香社一起来的，并形成一套比较完整的进香程序。这套程序大致分为起程、沿路焚祠、仲火、落宿、登山、报号、朝顶、守驾、进贡、进香等步骤。如果是外地来的民众，就投宿于沿途的香客店。一般的香客店中都供奉着泰山娘娘神像。外地民众住下后，先要叩拜泰山娘娘，舍香钱，表示已经向山顶上的泰山娘娘"报到"了。次日，再上山参拜。朝拜的普通民众由社首带领着上山，等到了庙宇的门口后，要先请人通告一声，民众通常要舍些香火钱。参拜时，社首在前，善男信女在后，共同祈福参拜。在这个过程中，民众通常要献上由民众个人或集体捐赠的各式各样的供品或匾额等。参拜后，民众会按照自己的意愿或拴娃娃，或请祛病符等，祈求泰山娘娘降恩赐福。在整个祭拜过程中，也有许多禁忌。如果谁不遵守，谁就会受到严厉的惩罚。

民众除了到泰山进香朝拜外，也会到遍布全国各地的碧霞元君庙祭拜泰山娘娘。在北京及其周边地区就有20多座碧霞元君庙，妙峰山朝顶进香活动中，就包含着对碧霞元君的祭祀。民众普遍将碧霞元君的生日——农历四月十八日视为吉日，虔诚祭拜。民众普遍相信，这一天最容易得到泰山娘娘的恩庇和护佑。

妈祖，原名林默，出生在福建省莆田县湄洲岛的一个官宦人家（一说妈祖是渔家女）。其父林愿，五代时任都巡检，是负责沿海治安巡逻的官员。她生于宋太祖建隆元年（960年）三月二十三日，传说她"生而神异"，自幼"资慧颖悟"。林默在忘我地救助海上遇险渔民时，不幸被台风夺走了生命。在她死后，人们将其奉为神灵，赋予其保护航海安全的神能。

随着宋朝海上贸易的发达，元朝海路漕运的开通，妈祖信仰在中国沿海地区的民众之中广泛传播。到了明朝，出使海外与对外交往者逐渐增多，妈祖信仰也随之远播异域他邦。其中福建等地的商人扮演了非常重要的角色。他们每到一地，便会在会馆或公所内供奉妈祖的神位，虔诚礼拜，祈求妈祖保佑他们航海安全、客居他乡生意兴隆，同时也保佑自己及家人事事顺利，出入平安。更为重要的是，因为中国历代统治者不断地赞扬妈祖所具有的超凡神力，将其册封为"天妃"、"天后"，所以妈祖信仰得到官方的充分肯定。于是，各地普通民众纷纷兴建天后宫或妈祖庙，供奉妈祖。

值得注意的是，不仅在湄洲、天津、扬州、南京、平江、泉州、兴化、九龙、台北等沿海地区，甚至连内陆的周庄等地也都建有天后宫或妈祖庙，满足着民众的宗教需求。与此同时，妈祖的管辖范围也越来越广，在民众中的影响力也越来越大，被赋予人类一切美好品质，如勇敢、聪明、豪爽、孝顺、乐行善事等。民众还相信妈祖精通巫术，能祷雨祈晴，深谙航海和泅水之术，不仅可以扶危济险，拯救出海者于危难，而且还能消灾灭疫、降妖伏魔、助战驱疫等。此外，在天后宫内，人们还为天后增设了五花八门、名目繁多的配祀的神灵。它们同样与民众的日常生活密不可分，如保佑子嗣、祛病免灾、得财增福等。

各地普通民众对妈祖的虔诚崇拜，也赋予妈祖信仰以鲜明的民俗特色。在北方的港口城市——天津，民众对妈祖的崇拜就具有明显的地域特征。这里曾拥有大大小小的天后宫16座，现在保存最完整的是称作"西庙"的天后宫。供奉在这里的妈祖被当地人亲切地称为"娘娘"，而天后宫也成为普通民众经常光顾、礼拜的娘娘宫。天津民众在接纳妈祖信仰的同时，还赋予其越来越多的职能，配祀"子孙娘娘"、"瘢疹娘娘"、"耳光娘娘"、"眼光娘娘"、"送生娘娘"、"千子娘娘"、"百子娘娘"、"乳母娘娘"、"引母娘娘"等，同样接受民众的祭拜。同时，天津的一些风俗习惯和宗教活动也和妈祖信仰有着密不可分的联系。天津曾流传着"拴娃娃"的风俗习惯，即婚后无子的女性，为了求子，便去天后宫即娘娘宫烧香许愿，从那里偷偷地拴一个泥娃娃回家，作为自己的长子。如果生了孩子，要塑99个泥娃娃到天后宫还愿。自己的头生子，也只能排行第二。对"娃娃大哥"，民众不仅要每天供应饮食，四季还得给他变换衣服。随着时间的延长，"娃娃哥"的年龄也在增加，于是人们还要不断地去换一个年龄相当的娃娃，继续在家中供奉。

由于妈祖掌管着很多与女性相关的事务，所以到娘娘宫进香的女性也日益增多。旧时天津女性进香，也有与其他地方不同之处。旧时，每逢大年三十的晚上，风尘女子多穿红衣进香，而良家妇女则要等到正月初一才穿红衣入庙进香。传说妈祖诞辰为每年农历三月二十三日，各地普通民众从不同地方赶来参加庙会。他们不仅参与由各界人士共同举办的隆重庆典仪式，而且还成为妈祖出巡的主要观摩者，甚至参加者。

场面宏大、精彩纷呈的庙会活动由于受到清朝统治者的嘉赏而有了"皇会"的美名，吸引了众多民间演出团体前来迎神赛会，并衍生出大家共同遵守的祭拜流程。三月十六日"送驾"，把妈祖送到娘家，十八日"接驾"，把妈祖从娘家接回娘娘宫。据传说，二十日和二十二日乃妈祖巡乡散福之日。在十七、十九、二十一这三天，分属不同花会的普通民众便涌到各个街巷去表演，俗称"踩街"。二十三日是"天后"诞辰日，各道花会或齐集在娘娘宫内外，尽情表演，或在庙前戏楼演戏庆寿。各会均遵循多年来形成的序列，有条不紊地进行。前有门幡引导行进，后面是捷兽、龙灯、中幡、跨鼓、老重阁、拾不闲、鲜花会、西园法鼓、庆寿八仙、五虎扛箱、道众行香等会。各道花会一边走一边表演，敲打拉唱、吹耍斗趣，各自使出浑身解数，以博得沿途观众的喝彩。接着就是抬着"送生娘娘"、"癍疹娘娘"、"子孙娘娘"、"眼光娘娘"的四个宝辇，"天后圣母"的华辇以及各种仪仗，井然有序地沿着"会道"行进。同时，善男信女则进庙烧香，祭拜妈祖，从早到晚络绎不绝。直到二十四日凌晨，持续8天的庙会才告结束。虽然"皇会"早已停办，但妈祖信仰仍在天津民众的信仰生活中占据重要的位置。近些年来逐步恢复的庙会活动，表明娘娘宫依然是天津民间信仰活动的中心之一。

不仅如此，妈祖信仰在海峡两岸四地以及海外华人中间十分流行，并与妈祖的故乡湄洲岛的祭祀活动一脉相承。这一点，集中体现在台湾的妈祖信仰者身上。在很早之前，海峡两岸的渔民就共同信奉妈祖。明末清初，福建、广东的普通民众前往台湾时，都会在船上供奉妈祖神像。每逢巨浪滔天，船上的民众就马上集体向妈祖祈祷。

在台湾的民间流传着这样的说法：康熙年间，施琅收复厦门、平定台湾，就是完全仰仗着妈祖的保佑。由此可见，在台湾民众的眼中，妈祖是一位能为万世开太平，且颇具母性光辉，有求必应、法力无边的海上女神，并在诸多海神中独占鳌头。台湾的妈祖庙很多，其中比较著名的有澎湖天后宫、鹿港天后宫、台南大天后宫、北港朝天宫、台北关渡宫、大甲镇澜宫、新港奉天宫等。其中，北港朝天宫的妈祖被民众认为较为灵验，因此信徒众多，香火鼎盛。在台湾，大甲镇澜宫妈祖南下"绕境"，也是一年一度的宗教盛会，在妈祖"绕境"的七天八夜中，前来朝拜进香的信仰者众多，盛况空前。

如今，妈祖信仰在台湾普通民众中的影响力还在不断扩大。近年来，福建湄洲举办的妈祖文化旅游节更成为两岸信仰妈祖的民众深入交流的重要契机之一。台湾的信众每次都要组织进香团前往湄洲"谒祖进香"，并恭迎妈祖金身。其参与人数之多、祭祀仪式之隆重，令人叹为观止。

性别视野中的女神崇拜

中国女性在日常生活中，长期承受着来自家庭与社会的双重压力，相对男性处于弱势地位。这使得她们对可能影响个人生活是否顺利的各种因素格外敏感。因此，那些能够保佑其个人幸福、生活顺利的女神，得到各个阶层女性的普遍崇拜。无论这些女神来自什么地方，地位是高还是低，身上具有何种美德，受过何种不公正待遇，抑或是否行为失当，在女性信仰者的眼中，都别具特色和魅力，并不断赋予其神力，虔诚祭祀。

紫姑是一个善良、贫穷的姑娘。她身为人妾，在家庭中地位卑微，常常被迫干一些脏活、累活，终于在一年的正月十五日被正妻折磨而死。死后的紫姑被民众奉为厕神。宋朝刘敬叔在《异苑》中比较早地记录了紫姑的生平，而在民间有关紫姑及其祭祀活动的记载稍显完整："紫姑，本人家妾，为大妇所逐，元夕死，故世人作其形于厕，以迎之"。紫姑生前所遭受的磨难，正是封建社会一夫一妻多妾制造成的，也是妻妾矛盾的缩影。因此，她深得广大妇女的同情，并被赋予各种神力。

旧时，在有些地方的妇女中出现了"正月十五迎紫姑"的风俗习惯。西南地区的普通民众在每年正月十五恭请紫姑，加以祭拜。一般是在正月十五的夜晚，她们先用炊具扎制成人形骨架，用木葫芦饭勺或笊篱为头，画上眉眼，戴上花，披上女子衣服，由众女子将其带到厕边或栏边烧纸请神。接着，众女子就纷纷向紫姑许愿和求教各类问题，或问婚姻，或问蚕事，以紫姑是否点头来定吉凶。在河南省灵宝县，妇女在每年正月十五有插紫姑的习俗，其目的是占卜一年粮食收成之丰歉。河北省滦县的女子在请紫姑时还有作秋千戏的风俗。还有的妇女像对待亲姊妹那般拉着她，说起家常，甚至是大讲贴心话，直说得泪流满面。在广东省乐昌县，女性民众在祭奠紫姑时，还相约永远不要互相妒忌。这也从一个侧面反映出女性对神灵的崇拜与解决现实生活的困扰有比较直接的联系，因为她们尚无力改变对她们不利的性别制度和性别文化。

观音又作观世音菩萨、观自在菩萨、光世音菩萨等，本为佛教四大菩萨之一。他相貌端庄慈祥，经常手持净瓶杨柳，关注人间。他具有无量的智慧和神通，大慈大悲，普救人间疾苦。佛教传入中国后，观音的形象逐渐由男身变为形体和面貌姣好的女性，并成为沟通天界与人间的神仙。由于她热心凡间琐事、乐善好施，大慈大悲，因而受到了普通民众的隆重祭祀。人们不仅以美食、美言和虔诚的供奉来表达崇拜之情，而且特别信赖她，一遇困难就会想到她。在全国各地为数众多的寺庙中，民众祭拜最多的就是观音。专门供奉观音的殿阁，不论是称作大悲殿，还是名为观音阁，香火都十分旺盛。

民间对观音的祭祀亦有其特定的日期。每逢农历二月十九日观音诞辰、三月二十八日观音入化、六月十九日观音卒忌、九月十九日观音正果，善男信女们都要举行朝拜祀典。在上海蒲溪等地，每年农历六月十九日"为观音大士成道之日，乡镇妇女皆往大寺或云台殿进香"，举行祭拜。每10年的正月十九日，民众还要举行更大规模的观音佛像开光大典。在很多地区，民众为表达对观音的信仰，每月还要有相应的斋期，是为"菩萨斋"。除到庙里朝奉、祭拜外，普通民众在日常生活遇到困难时，还会口念观音的妙方和启示，或直接呼叫"大慈大悲观世音菩萨"，请求观音显灵救助。

在漫长的历史发展进程中，普通民众对观音的信仰和崇拜也得到不断的丰富、加强。"白衣大士"、"南海大士"、"慈航大士"、"大悲观音"、"六观音"、"七观音"等各种名号的观音受到民众的普遍祭祀。其中慈眉慈目、怀抱一个胖小儿的送子观音尤其受到人们的喜爱。在扬州的观音堂，有一送子观音殿。殿内有百子堂一座，专供求子者祈祷。若第二年喜得贵子，孩子就必须给观世音菩萨做契子，如此孩子便可长命富贵。此外，妇女们还特别相信，经常诵读《观音经》，或是瞻仰观音的佛像，就可以使不孕的妇女得子。在一些民间故事中，常常出现这样的情节：如果哪位妇女在夜晚梦到观音，那么不久之后，这位妇女就可以得到子嗣。

然而，具有很强现实功利心的中国普通民众，对观音也会有并不十分恭敬的举动。他们不仅向观音祈福，而且还毫无拘束地与之大开玩笑。在《西游记》

中，孙悟空诅咒观音"该她一世无夫"。这既充分表现出孙悟空的叛逆性格，又在某种程度上表达，乃至影响了民众对观音的态度。在一些地区，观音像甚至难逃被失望的民众买卖，乃至亵渎的命运。可悲的是，类似这样的行为似乎还得到某些民众的默认、容忍，并不觉得这有什么可以大惊小怪的。

女性对何仙姑、桃花女的崇拜，则反映了她们对束缚自身的传统礼教的反抗。何仙姑原为民间女巫，后成为吕洞宾的弟子。相传她得到了仙人赐予的仙桃和仙枣后，不知饥饿，得道成仙，可轻身飞行，能知晓祸福吉凶。因而何仙姑信仰在中国普通民众中比较普遍地流行起来。在民间流传的《何仙姑宝卷》中，她还被赋予了别样的人性光辉。如《吕祖师度何仙姑因果宝卷》中所述，何姑娘受吕洞宾点拨欲出家修道，父母不但不答应而且还逼迫女儿成亲。为解救何仙姑，吕洞宾变成美男子前来入赘，并且走进洞房"把床上"。何姑娘认为书生虽然很美，但是"眨眨眼睛就老了"，所以坚定了必须跳出"酒色财气"四堵墙，才能够修仙成佛的信念。尽管父亲施以乱棍，甚至以"叫你身死归阴去"相威胁，何姑娘还是坚决不从父亲之命。这不但使何仙姑的人格得到了升华，同时也反映了民众特别是女性追求自由意志的心声。

桃花女也是著名的女性神仙。有关她的传说，最著名的莫过于周公与桃花女的故事了。相传玄天上帝在雪山修炼，剖腹昏迷，丢失戒刀。后来戒刀变为阳体，刀鞘变成阴体。几百年后，刀鞘升天，成为西王母的管花女桃花仙子；戒刀成为老子的童子，并下凡为周公。后来，二者结为夫妇。周公对桃花女既恨又爱，爱的是桃花女美丽无双，恨的是她法力无边，于是想设计害死她。最后还是桃花女通过自己的行动感动了周公，二人尽释前嫌，成为一对恩爱夫妻。值得一提的是，桃花女破法嫁周公的故事还被编成了戏剧、小说，在民间广为流传。在元朝，已有一出名为《桃花女破法嫁周公》的杂剧了。在《西游记》等小说中，桃花女的形象更加丰满。清朝后期，桃花女的故事还被编入小说《桃花女阴阳斗传》。在书中，桃花女的反抗精神得到进一步彰显。这一切都对民众理解和崇拜桃花女产生了很大的影响。不仅如此，民众对桃花女的崇拜还体现在传统婚礼上。据说，熨轿、跨马鞍等风俗习惯无不和桃花女的传说有着密切的联系。

六　多神信仰

追求"有求必应"的实用心理以及现实功利的人生态度，使中国民间信仰呈现出多神信仰的典型特征。广大普通民众不但对保佑现实生活的神明从不排斥，而且还不断地制造新的神明加入到为他们所崇拜的神灵谱系。因为人类生活丰富多彩，充满酸甜苦辣等各种滋味，所以中国普通民众祭祀的神明也是千般万种。涉及疾病、富、贵、战争、老、死、生、镇、村、商业、山、江、海、湖、河、天、地狱、日、月、星、路及无路之地方、雷，以及身体上之各部等。这些看似彼此并无任何关联的事物，几乎都会由神灵来掌管。

 ## 开放的神灵谱系

中国民间信仰具有开放性，容纳了来自道教、佛教、民间宗教等不同宗教神灵，逐渐形成了庞大的神灵谱系。民众对元始天尊、玉皇大帝、玄天上帝以及太上老君等道教神灵的崇拜，既反映了他们对权威的敬畏和尊崇，也体现出他们对人间正义的渴望和追求。

　　元始天尊，在中国民间是得到普遍供奉的最高天神。相传其生于大元之先，故名元始。东晋葛洪的《枕中书》是目前所见最早记录元始天尊的文献，当时名为"元始天王"。"混沌未开之前，有天地之精，号'元始天王'，游于其中。后二仪化分，元始天王居天中心之上，仰吸天气，俯饮地泉。"在陶弘景的《真灵位业图》中，出现了"元始天尊"之号。《历世真仙体道通鉴》称元始天尊有开天辟地之功。《隋书》对元始天尊的记载，奠定了其至高无上的地位。"天尊之体，常存不灭，每至天地初开……授以秘道，谓开劫度人。然其开劫非一度矣，故有延康、赤明、龙汉、开皇，是其年号，其间相距经四十一亿万载，所度皆诸仙上品，有太上老君、太上丈人、天皇真人、五方五帝及诸仙官"。正因为如此，长期以来，元始天尊受到了善男信女的虔诚崇拜。元始天尊的神诞之日是正月初一，所以民众多有供奉。当然，民间亦有在冬至日供奉元始天尊者。

　　玉皇大帝也是民众普遍祭拜的最高天神之一。他生前是一个寨主，名叫张友人，又称张百忍，是天帝之子转世。相传自盘古开天辟地以来，天地间充满祥和喜乐。后来诸神荒淫无度，致使天地大乱。太白金星因此下凡寻找德才兼备之人来做三界大帝，掌管天、地、人。到了张家湾，他听说张友人将寨内治理得很好，民众彼此间非常友善、和睦，因此将其带回天上拜为"玉皇"。南朝以后，玉皇大帝信仰在普通民众中逐渐兴起。民众称玉皇大帝为"玉皇道君"、"高上玉帝"等。隋唐以后，玉皇信仰普遍盛行。玉皇大帝的神诞之日为农历正月初九，各地普通民众都要举行玉皇会以祈福延寿。有些地方的普通民众还要唱戏娱神。在南方的广东以及福建、台湾等地，普通民众称玉皇大帝为"天公"。正月初九都要拜天公，一家老小斋戒沐浴，上香行礼，祭拜诵经。北方的普通民众则有抬玉皇神像游村巡街的风俗习惯。据民间传说，十二月二十五日是玉皇大帝下巡人间的日子，因此道士和普通民众都要烧香念经，迎送玉皇大帝。

太上老君即老子，楚国人，春秋时期著名思想家。他所主张的"道"、"清静无为"、"长生久视"等，长期以来一直深刻地影响着普通民众。东汉时期，张道陵所创立的五斗米道就尊奉太上老君为最高神。唐朝的统治者对太上老君更是大力推崇。唐高宗、唐玄宗不断为太上老君奉上尊号，尊为宗室远祖，并在太清宫设专庙奉祀。此后，老子信仰在民间也迅速普及。相传农历二月十五日为太上老君的诞辰。故每逢这一天，各地普通民众都会举办一系列祭祀活动。旧时，在四川省华阳县（今四川省双流县），每逢老子诞辰之日，男女老幼都会到青羊宫去进香。清朝末年，各种祭祀太上老君的仪式进一步完善。在生活中避免冒犯太上老君的言语禁忌也逐渐确立，山西省东南地区的普通民众甚至连太上老君父亲的名讳也要有所避讳。

明清以来，"三教合一"的思想逐渐流行。民间宗教也顺应了这股潮流，将老子与孔子、释迦牟尼并列为教主。某些宗教领袖有时也会利用老子渲染神秘性灵验，甚至编造出一些神话、故事，在信徒中将自己塑造成神仙的人间化身。明代，三一教教主林兆恩曾宣称自己路遇名师授以真诀，并且得老子"通之以玄"。他离开人世，也不是常人的永别尘世，而是应老子等神仙的邀请去主持三教，普度众生。在近代中国各地不断爆发的反洋教斗争中，太上老君也不时会被抬将出来，用以激励民众。这从一个侧面可以看出中国普通民众对太上老君崇拜之深、之广。

玄天上帝又名真武大帝，在民间信仰体系中，它具有非常独特的地位。随着其神性不断被张扬，就连生日和得道升天的日子也都演化成为中国民间的重要节日。祭拜玄天上帝的寺庙可以说遍布中国各地。人们纷纷通过各种祭祀仪式，表达对这位掌管北方的神灵的崇拜之情。在各种公文、正史及地方史志、碑刻、文人叙述、故事传说和道教经典、民间宝卷中都留下了许多有关玄天上帝的文字。

《元始天尊说北方真武妙经》生动地记述了玄天上帝的由来："太阴化生，水位之精，虚危上应，龟蛇合形，周行六合，威摄万灵，无幽不察，无愿不成。劫终劫始，剪伐魔精，救护群品，家国咸宁……敢有小鬼，欲来见形，吾目一视，五岳摧倾，急急如律令。"接下来，元始天尊告诉玄天上帝说："自今后，凡遇甲子、庚申，每月三七日，宜下人间，受人之醮祭，察人之善恶，修学功过，年命长短，可依吾教，供养转经。众真来降，魔精消伏，断灭不祥，过去超生，九幽息对，见存获庆，天下和平。"于是，玄天上帝"奉天尊敕，永镇北方"，名正而言顺，以至于"妙行真人与诸天帝无量飞天、神王真仙大众闻说，莫不欢喜踊跃，一时作礼，赞叹功德"。

由于玄天上帝在某种程度上满足了中国普通民众希望通过信仰获取现实利益的欲求，因而受到了他们的尊崇。《玄帝卷》开卷即以民间说唱艺术的表现形式讲道："玄帝宝卷初展开，福禄寿星进坛来。念佛堂前求仟悔，阖家老少免三灾。"显然，在中国普通民众的心目中，礼拜玄天上帝，可以带来福禄寿，使全家老小无灾无难；如果能够宣完宝卷，使之通行世界、传遍天下的话，更可以使家人身体健康，子孙孝顺，使后辈子孙免受痛苦。为联络会友，壮大组织，有些民间宗教也求助于玄天上帝等神灵的帮助。根据口述资料显示：义和团运动时期，在直隶、山东等地十分活跃的义和团就供奉"天地三界十方万灵"、"协天大帝"、"真武大帝"等神灵。在梅花拳颇为活跃的地区——河北省威县沙柳寨，每年三月初三，有专门供奉玄天上帝的庙会。

民众对玄天上帝的信仰具有多样性。在民间传说中，玄天上帝下降之日为农历正月初七、二月初八、三月初三、四月初四、五月初五，六月初七、七月初七、八月十三、九月初九、十月二十一、十一月初七、十二月二十七等日。在这些特殊的日子，普通民众不但要为其献上供品，还要恪守多种禁忌。此外，民众也通过造庙、塑像等方式表达对玄天上帝的虔诚信仰。旧时，在河北省深泽县西关就建有真武庙。在河北省平山县天桂山上，有"九泉一井十二洞"之说，其中就包括真武洞。在河北省邯郸县有座南顶老爷庙，坐东朝西，建于明初，毁于 1948 年，现遗址尚在。民众祭拜的主神叫玄武大帝，即真武大帝。在山东省平原县，每逢农历三月初三，民众都要为玄天上帝举行庙会。庙会连演五天神戏，附近的普通民众都来进香。在当代，一些网站通过现代化手段，以文字和图像等形式宣传、介绍有关玄天上帝的神话、传说以及举办庙会活动等方面的内容。这些文本虽有稚嫩之处，但是对信仰者来说是一种传统信仰的现代表达。

八仙是指铁拐李、汉钟离、吕洞宾、张果老、曹国舅、何仙姑、蓝采和、韩湘子八位神仙。通过元杂剧和明代的话本小说，他们逐渐形成了一个满足各阶层人士信仰需求的神仙群体。其中老人的代表就是张果老；青年人的代表是蓝采和、韩湘子；中年人的代表是汉钟离；达官贵人的代表是曹国舅；病人的代表是铁拐李；妇女的代表是何仙姑。比较完整地记录八仙的故事的是《东游记》。在该书第四十七回"八仙蟠桃大会"后，八位神仙结伴东游，于是有了"八仙过海"的动人故事。这使得八仙的形象更为人所熟知。八位神仙不仅迎合了全民喜庆的心理需要，而且每个人的身上都表现出超凡的人格魅力，从而对普通民众产生了很大的吸引力和感染力。这使得八仙崇拜在民间日渐普及。尽管八仙信仰流传极广，然而专门供奉八仙的庙宇却不多，仅有西安的八仙宫和北京白云观的八仙殿。

在中国民间，单独奉祀吕洞宾的寺庙似乎更多。山西的永乐宫、苏州的福济观、天津的吕祖堂等皆可被视为典型代表。此外，济南也有两座吕洞宾庙。旧时，每到农历四月十四吕洞宾诞辰日，一些地方还会举行隆重的祭祀活动。以苏州为例，农历四月十四这一天，家家户户食米粉和五色糕，并都要前往福济观祭祀吕洞宾。若有患病者，当日进庙烧香往往还有助于病情的好转，以致痊愈。需要指出的是，在民间举办的祭祀活动中，还有碰神仙的习俗。相传吕洞宾会化为衣衫褴褛的乞丐混迹于人群中间，谁碰到了，谁就会交好运。因此，民众在这天都想在拥挤的人群中碰到化作乞丐的吕洞宾。除大陆外，台湾等地的吕洞宾信仰也很兴盛，并有所发展。位于台北的指南宫即以吕洞宾崇拜为中心，借其"托梦"之灵验，招徕众多信徒。不仅如此，在特殊的历史时期，农民领袖也会以吕洞宾崇拜为号召，发动民众，唤起反抗精神。义和团运动时期，著名的义和团首领曹福田在天津吕祖堂设总坛口，借助神力，率领各界人士反抗八国联军的入侵。

相传二郎神杨戬是玉帝的外甥，元始天尊门下徒孙。他变化无穷，神通广大。早年，他劈山救母，并助武王伐纣，甚得王母的疼爱。但是因与舅舅玉帝不和，二郎神不愿住在天界，而在下界食人间烟火。由于二郎神能力超群，性格鲜明，因而在《西游记》、《封神演义》、《聊斋志异》、《宝莲灯》等古典文学作品中广泛出现。其神性也在这些小说中得到艺术发挥和增加。《西游记》中二郎神的形象，让人感觉他生活得逍遥自在而且还很重感情；《封神演义》中的二郎神则是助武王伐纣、有勇有谋的道童。在《聊斋志异》中，二郎神又成为了掌管司法的天神。在《宝莲灯》中，二郎神还充当了拆散三圣母和沉香的恶人。显然在上述古典文学作品和民间传说中，二郎神具有多重神格或人格。然而，普通民众依然认为，凡人间生灵危难，口呼二郎神尊号，必能得到他的救援。

张天师即东汉五斗米教创始人张道陵。他自称是奉太上老君之命而为天师，所以民众也称他为"张天师"。在民间传说中，张天师神通广大，具有白日升天等神功。张天师还有龙虎护法，以符除"五毒"辟瘟消灾，以五雷驱"五鬼"，霹妖镇邪。于是，一些地区的民间年画便以此为主题，彰显其神力。例如武强年画中就有《张天师》这样的题材。后来，在民众的心目中尽管张天师的地位有所下降，但是对其崇拜者代不乏人。其子孙也一直承袭着天师的神位，只是由陕西汉中迁居江西龙虎山中。而现在的贵溪县上清镇天师府便是其遗脉。

六丁六甲是干支日值神，能行风雷、制鬼神。行法事时，民众往往以符恭请。《老君六甲符图》中说，六丁神系丁卯神司马卿、丁丑神赵子任、丁亥神张文通、丁酉神臧文公、丁未神石叔通、丁巳神崔石卿。六甲神系甲子神王文卿、甲戌神展子江、甲申神扈文长、甲午神卫玉卿、甲申神孟非卿、甲寅神明飞章。他们负责传递天上与人间的各种符咒与消息。据说，在符咒中加上他们的尊号还能加快符咒取得效果的速度，所以在符咒中经常能看到六丁六甲神的尊号。

王灵官又名王善，民众普遍将其视为天上纠察之神。明清以来，全国各地建立了数不胜数的灵官庙，甚至一些道教宫观还专门修建了灵官殿，塑了形象不尽相同的灵官像，接受普通民众的祭拜。其中有些宫观的神灵受到信仰者非常虔诚的供奉，例如北京白云观、天津娘娘宫、武汉长春观、苏州玄妙观等。在湖北武当山中，尚有"五百灵官"之说。在某些地区，普通民众还把王灵官看成是火神，所以有的火神庙中也供奉王灵官。王灵官更被湖南省湘阴县的民众奉为地方保护神。

弥勒本是来自印度的佛教神，出生于印度的婆罗门家庭，后成为佛门弟子。他经四千岁下降人间，于华林园龙华树下成佛，自此广传佛法。弥勒崇拜在中国民间有着相当广泛的社会基础。在民众的宗教意识里，他是下凡来解救世人的。当民众进行政治反抗和斗争时，便会自然而然地想到他。因此，民间宗教一般都大肆宣传弥勒下凡救世，会给人世间带来光明美好前景，从而为民众反抗现实的斗争提供了巨大的精神力量。明太祖朱元璋即受惠于弥勒信仰。他参加元朝末年由白莲教发起、组织、领导的农民起义，推翻了元朝政权，当上明朝开国皇帝。由于王朝更替无法从根本上改变中国传统社会的命运，所以生活在社会底层的广大普通民众便也更加崇拜弥勒，相信他的出世会带来永生与安乐。清代，由民间宗教发动的农民起义常常以弥勒信仰为号召，发动普通民众奋起反抗。

　　然而，在中国普通民众的宗教世界里，弥勒佛所具有的神力却不仅限于此。有时候，人们在弥勒佛像身边常常雕塑几个小孩与其嬉戏，即"五子戏弥勒"。这是因为民间有"送子弥勒"之说，把他想象成掌管人类生命降临的神灵。此外，民众还认定弥勒在人间拥有化身，一是五代僧人布袋和尚，二是西域僧人泗州大圣。其中泗州大圣信仰比较流行的地区当属福建。在这里，不论大街小巷，有许多供奉泗州大圣的神龛、神像和牌位。更有在墙壁篆刻"泗州大圣"四字并加以敬奉的人。

　　济公是南宋时期的得道高僧，初在杭州灵隐寺出家，后主净慈寺。他虽然貌似疯癫，举止放浪形骸，常有不遵守佛教清规戒律的举动，但是学问渊博，积善成德。清代小说《济公传》问世后，济公在民间更是声名大振。在广为流传的有关济公的传奇故事、戏曲小说中，有许多济公不耐寂寞、疯癫无常、好饮酒食肉的情节，例如，他不耐打坐，大闹僧堂，出入妓家等。值得注意的是，中国普通民众不但对不守清规戒律的济公持宽容的态度，还特别喜欢济公在玩世不恭、无拘无束中显现出来的超圣灵异，在嬉笑怒骂、纵情恣意里彰显的扶危济困精神。

② 一神多能

　　在中国传统社会中，民众普遍相信世界上确实存在伟大的人，并具有某种别人无法企及的神力，因而服从和崇敬这样的英雄豪杰。于是，他们使某些曾在人世间生活过的英雄、圣人具有了某一种或多种超凡的能力，寄托自己的某种或多种希望，并予以祭祀，从而不断将由民众参与或主导的造神运动推向深入。正因为如此，在民众之中便衍生出了对英雄、圣人的崇拜。这使得中华民族对这些英雄、圣人的记忆不仅保存在精英人士的记述里，更存在于普通民众的讲唱说书中。而民众所不断创作、传扬的有关这些已经成为神灵的英雄、圣人的种种神话传说，更为其增添了一层层神秘的色彩。其中关公崇拜就是比较典型的代表。

关公，又名关圣、关圣大帝，即三国时期蜀汉的关羽。他在与吴国的战斗中死去之后即被封侯，并于当地建庙，接受民众的供奉。自隋唐以来，关公信仰被不断丰富完善。特别是明清以后，由于《三国演义》等文学作品的大力推动，关公信仰进一步为普通民众所接纳，终于成为全民信奉的神灵。关公在不断被神圣化的过程中，也被赋予了巨大的神力，具有了多重神格。

由于关公生前是一位战功赫赫的武将，所以在唐末已经被民众神化为战神。北宋末年，面对金兵的入侵，腐败的朝廷无力抵抗，普通民众便把关公视为救星。河北石家庄附近石邑关帝庙的建立就与金宋战争中关公显圣有关。相传，宋徽宗年间，朝政腐败，金兵南下。镇守滹沱河岸真定三关的宋将，骑一匹雪白的战马，人称白马将军。他勇敢善战，顽强抗敌，死守三关，战至弹尽粮绝，南撤途中，遇到显圣的关公。在关公的帮助下，他最后终于战胜金兵。击败金兵后，白马将军为报答关公救难之恩，奏明皇帝，筹资将河岸的三义祠修成"石邑关庙"。明清以来，关公战神的地位越来越高。由于他神武善战，人们纷纷奉其为克敌制胜的军神。民国时期，由于战争频繁，普通民众对战神关公的崇拜进一步加强。关帝庙遍及全国，关公作为战神的地位得到了普通民众的普遍认可。

中国民众认为有很多神明控制雨水，掌握着农业收成的丰歉。于是，关公也和降雨连在了一起。旧时，每逢天旱，各地普通民众便在农历五月十三日举行祭祀仪式，向关公祈雨。究其原因，乃是每年五月十三日为关公单刀赴会之日。因此，普通民众将这天降下的雨称为"磨刀雨"。在华北等地出现了很多祭拜关公以求天降甘霖的记载。《大名县志》曰："五月十三日，祭关帝。间值岁旱，必以其日为雨征，盖俗传帝于当天磨刀云。"此外，《昌黎县志》、《南皮县志》、《武安县志》等地方史志中也有类似的记载。在东北地区，农历五月十三日，即关公单刀赴会日，被民众命名为"雨节"。六月二十四日本是关公的生日，同样也成为华北普通民众向他祈雨的重要日子。北京六里屯民众于每年的这一天，在关帝庙内举行盛大祭典，祭祀关公。"今天老爷喝醉了，该下雨了"，人们相信关公在这一天一定会大发慈悲下雨。如果不下雨，人们就说："老爷没落泪。"平日遇到旱情，人们也会向关公求雨。

河南省封丘县的民众多置关帝神像于庙外，朝夕焚香，直到下雨后才进庙致奠，或向金像献戏。他们先是设坛喊佛，发牒跪祷，燃炮鸣鼓，后由二人乘白马，执大刀，前往玉皇庙中领旨取水，定下雨时日。若是果然应验，则游街相告，并演戏酬谢关公。

由于《三国演义》第廿六回中有关公封金挂印之说，因而民众认为财贿不能动其心，爵禄无法移其志，遂认定关公为财神，寄予"君子爱财，取之有道"之意。明清以来，普通民众对关公的崇拜日渐兴盛。人们在关公庙的门上贴有这样一副对联："汉为文武将，清封福禄神"，横批是"协天大帝"。山西商人尤其推崇关公。据乾隆三十年（1765年）《山西平阳府太平县合邑士商创建并增修会馆碑记》记载，旧时，该地置有高庙一所，建有庙宇三间，居中的这间供奉关帝君，左边那间供奉增福财神，右边那间供奉黑虎神。道光十七年（1837年）《新建布行公所碑记》中也有"晋冀会馆，向设火德镇神、关圣大帝、增福财神诸位。每逢圣诞日起，合行咸集拈香，商议公事"等内容。有不少寓居北京等地的山西商人把关公当成财神加以崇拜。有些商人只供奉关公、赵公明，因为这二位皆为武财神，为求发财而加以祭祀。此外，还有一些地区的商人把赵公明、关公、增福财神等多位财神一体供奉。

人丁兴旺往往是家庭、家族兴旺的重要标志之一，因此，男丁备受重视。在中国传统社会，许多神灵都和人们的生殖活动有关，以至于本是武将、不该掌管子嗣的关公也成了生殖神。据民间传说，有一次，关公外出，周仓在家，喝了几口酒，正打盹。朦胧中，他听到有人用三牲献祭，一时高兴便扔下上上大吉的签，应允了他的祷告。后来一打听，方知那人是来求子嗣的。于是他略施小计，到子孙娘娘的子孙堂里偷了个状元郎给那人送去。于是，关公就又成了生殖神。不仅如此，在规模不太大的关公庙里，还会看到关公擎起的右手上挂着一架小小的桑弓，搭着一支木箭。意味着凡是生养男子的家长，在户外挂桑木弧（弓）矢（箭），就可以保佑男孩平安无事。久而久之，这也被民众视为生男之兆。于是，没有生育男孩的家庭，常去祈求关公，希望通过接触的方式，得到关公的神力，满足获得子嗣的愿望。就连关公的坐骑——赤兔马也被赋予了一定的神力。有一位俄国人在 20 世纪初曾亲眼见到，"在北京东岳庙中关圣殿内有赤兔马的铜像，很灵验……求子的女人不敢麻烦关帝本身，而只向站在旁边或其下的马进贡"。不仅如此，到这里"求子的女人先要摸一下马的生殖器，再摸一下自己的阴部，这样就可以生育或生男孩子……所以马的下体是全身最亮的部分"。

当然，在普通民众的观念中，关公所主管的并不仅限于战争、祈雨、求财、行业护佑和求子嗣等大事小情，还包括驱鬼除妖、占卜吉凶等事务。关庙中用来占卜的签，被称为"关帝签"。签上刻写着各种晦涩难懂的诗句，庙里的人可以对神签谶语加以诠释，从而揭示关公的旨意。名气较大的"关帝签"，均出自于北京正阳门月城的关庙。这座庙虽然规模不大，但是却因签灵而闻名遐迩。自明代起，统治者和普通民众对这座庙均极为重视，连庙中的关帝雕像也是从皇宫中移来的。而该神像不仅躲过明末的战火，而且能够保佑举子中进士。因此科举时代，每逢考试，这里总是人山人海，求签者络绎不绝。正如清朝《都门竹枝词》所说："灵签第一推关庙，更去前门洞里求。"

此外，关公还是 20 多个行业的祖师爷或保护神。描金业、皮箱业、皮革业、烟业、香烛业、绸缎业、成衣业、厨业、盐业、酱园业、豆腐业、屠宰业、肉铺业、糕点业、干果业、理发业、银钱业、典当业以及教育、命相家、军人、武师等均在其中。一些行业奉关公为保护神往往要找出一些特殊理由。由此，他的神力不断被扩大，终于取得了"万能之神"的显赫地位。

 凡间万般事，皆需神照应

中国民众的多神信仰还表现在从生老病死、衣食住行、婚丧嫁娶等各方面都祈求神灵的护佑，寄托自身美好而善良的愿望。这些愿望似乎无不体现着他们对生活、生命的强烈诉求，如惩恶扬善、扶贫济困、长生不老等。

恩格斯曾说，无论是高级宗教，还是低级宗教，都有一个共同的准则，是支配着人们日常生活的外部力量在人们头脑中的幻想的反映。对绝大多数中国民众来说，信仰、供奉与他们的生活有着千丝万缕联系的各种神灵，赋予其各种各样的超自然力量，同样是为了满足自己的某种愿望，进而获得某些现世利益。越是重视现世人生，越是对与自己日常生活密切相关的神灵顶礼膜拜。这几乎成为一种定律。缘于"万物有灵"的观念，中国普通民众将日常生活中的诸多方面都想象成为某种相关的神灵所掌控。因此，普通民众对这些神灵无一例外地加以供奉、祭拜。

灶神，又称灶王爷、灶君。最早的灶神是指灶本身或者灶的象征物。后来，灶神逐渐被民众人格化。起初，灶神是一位身着红色衣服的美丽女子。后来，人们认为她不够稳重，便以昆仑山上的种火老母元君为灶神，下属五方五帝灶君、曾灶祖灶、灶子灶孙、运火将军、进火神母等36位神灵也接受祭拜。汉代以后，男性灶神开始成为普通民众祭祀的主体，而女性灶神逐渐演变为灶神的配偶神——灶王奶奶。在这个过程中，灶神的神职也不断扩大，从最初的掌管饮食之神，逐渐成长为掌握人间祸福的神灵。此外，灶神还从人世间前往神界，向天神报告这家人在过往一年之中的所作所为，然后奉天神指派返回人间，充当某位普通民众的家庭之神。下达神意，上呈民旨，就是灶王的使命。

中国民众习以为常的祭灶风俗习惯，古已有之。早在上古时期，祭灶就被列为"五祀"之一。至今，民间依然保留着祭灶的传统。大部分地区的普通民众，一般是在农历腊月二十三日祭灶。当天人们必须打扫庭院，烧香上供，送灶神上天。然而，他们一般还不能忘记用麦芽糖等甜食涂抹到年画中灶王爷的嘴上，请求他"上天言好事，下界保平安"。家境贫寒的穷苦民众，虽然连祭灶的甜食都买不起，但是也绝不会轻易放弃向灶王献媚、邀福的机会。此外，每年农历腊月三十或正月初一各地普通民众多要举行接灶神仪式，悬挂上新的灶神画像。以湖北汉口为例，在农历腊月三十日的夜里，普通民众纷纷祭祀灶王，以迎接这位一家之主。此外，在上海周边地区的普通民众，则有重阳节祭灶的传统。

仓库是粮食储藏之所，也是民众日常生活得到有效保障的重要标志。因此，仓神也就成为了民众的崇拜对象。仓神的原型是仓星，据《晋书·天文志》云："天仓六星，在娄南，谷所藏也。"后来，仓神被人格化，并与历史人物联结在一起，如韩信即被附会为仓神。《燕京旧俗志·岁时篇·添仓》云："相传仓神为西汉开国元勋韩信，俗称之曰韩王爷。"于是，仓神的神像也被描画成一位仪态万方的青年才俊。另外，还有一些地区的普通民众将刘晏、萧何奉为仓神。因此，在中国的一些地方也建有仓帝庙，满足着广大普通民众的信仰需求。人们定期对仓神进行祭祀，以求得五谷丰登，安宁富足。农历正月二十五日是仓神（仓官）的生日，届时与粮仓有关的行业和民众均要设供致祭，并衍生出填仓、打囤等民间风俗。

除了吃饭以外，喝水也是普通民众日常生活中的重要问题。全国大部分地区的普通民众除了饮用河水、江水外，在相当长的时间内均以井水为主要饮用水。因此，井神遂受到了普通民众的虔诚祭祀。《白虎通·五祀》中说，所谓"五祀"，就是民众对门、户、井、灶、土等家神的祭祀。可见，人们在很早的时候，就开始祭祀包括井神等在内的五种家神了。井神一般没有专门的庙宇，只有少量水井旁边，有民众建造的神龛。井神在不同地区的形象也有所变化：北方地区以水母娘娘为井神；南方地区的井神则有柳毅、井泉童子等。还有些井神是一男一女两尊神像并肩而坐，是为"井公"、"井母"。祭祀井神的传统各地极为相似。一般是每年农历除夕时封井，春节后第一次挑水时要烧纸祭井。据民间传说，大年三十，井神要去东海，向龙王汇报一年的供水情况，直至大年初二才重返人间。因此，人们在大年初一不挑水，初二早上再去挑水，此为抢财。每逢节日，人们还要在井边祭拜井神，以求井水清甜，水源充足。不仅如此，有些地区的普通民众，打新井时，要树立一面红白布条制成的旗，以保井水充足。他们在娶妻生子、添丁进口时也多要在井边烧纸，向井神禀报详情。

门神的主要职责是捍卫门户，阻止鬼邪的入侵。先秦时期，门神的形象是桃木刻成的偶人，没有固定的形象。由于神荼、郁垒守护"鬼门"并有制服鬼邪的神异力量，所以自汉朝开始人们就将他们的形象画在大门上以庇护家舍。魏晋南北朝时期，神荼、郁垒又变成了披坚执锐的武士形象。唐宋时期，民众开始以钟馗作为门神。元明以后，人们除沿袭传统门神信仰外，还依据社会变化将有显赫战功的文臣和武将纳入门神行列。于是，孙膑和庞涓、萧何和韩信、秦琼和尉迟恭、燃灯道人和赵公明、温琼和岳飞、孟良和焦赞、李元霸和杨延昭等也被民众贴在大门上面，为人们所企盼。不同地区的普通民众所供奉的门神亦有所不同。如河南普通民众所供奉的门神为三国时期蜀国武将赵云和马超；河北一些地区的普通民众所供奉的是马超、马岱兄弟；冀西北的普通民众供奉的是薛仁贵和盖苏；京北密云一带的普通民众供奉的门神是杨宗保与穆桂英。近代以后，门神的队伍还在不断扩大。如抗日战争时期，民众还曾将八路军、新四军战士形象作为门神。新中国成立后，"门神"被画成了解放军战士形象，陆、海、空三军将士手拿钢枪、英勇威武。也有画工农兵的。在中国不同地区生活的普通民众对门神的祭祀往往集中在春节期间。每到新春之际，各地的普通民众都会刷净大门，郑重地贴上一对门神。这样，仗剑执铜、威风凛凛的门神也就满足了人们普遍的精神需求。

不仅如此，中国民众还将宅神作为自己住所的保护神。由于中国普通民众认为凡是有人居住的地方就可能会有鬼神出没，干扰自己平静的生活，因此，他们普遍供奉宅神。从敦煌出土的《护宅神历卷》上便有宅神的记载，并提出在住宅内供奉宅神就可以去百鬼，保平安。在中国的不同地区，民众所供奉的宅神形象亦有所不同。在中国绝大部分地区，民众供奉的宅神是八卦形象，还有一些地方的宅神是官人的形象，如河北的"土房大仙"等。

房梁是屋顶的重要组成部分，因而梁神也成了房屋乃至民众生活的重要保护神。在中国的许多地区，民众皆以姜子牙为梁神。在房屋建造的过程中，民众都要举行隆重的上梁仪式。在敬梁神的时候，人们还要悬挂红布，绘制八卦图，贮藏金银财宝。

床既是民众睡眠休息的地方，又是夫妻敦伦的主要场所，因此，人们创造出床神，加以祭拜。床神虽然没有具体形象，但是有性别之分，男的被称为"床公"，女的被称为"床母"。在民间传统婚俗中，有不少环节是和床神信仰有关的。例如人们安置新床时，要放置茶、果、糕点于新房内，用于祭祀床神。新婚前夜，不能让新郎单独睡在新床上，必须要找一少年陪睡，此为"压床"。否则，新婚夫妇就不能白头偕老。生活在台湾的民众在为新婚夫妇安床时，还要在床底下放置8枚铜钱，并在床头、床尾放上铜钱若干，取"同心同体"之意。此外，夫妇在新婚时也要敬拜床母，以求早生贵子。除新婚夫妇要拜床神外，妇女生孩子、儿童遭遇病痛时，人们都要虔诚地祭拜床公、床母。在有些地方，每月初一、十五民众还要将饭菜放在床上，以此供奉床公、床母。

由于"多子多福"的观念根深蒂固，中国民众承受着传宗接代的使命和压力，因而与婚姻、生育有关的神灵崇拜同样占据着极为重要的位置。月下老人，简称月老，是民间的主婚之神。有关他的神话传说来源很多。据唐人李复言的《续玄怪录》记述：唐朝时期韦固巧遇月下老人，月下老人为韦固牵红绳指明婚嫁对象，后来韦固果然应月下老人之语与相州刺史之女结为连理。这也成为"千里姻缘一线牵"的美妙佳话。传统时代，由于受到"男女授受不亲"等礼教的束缚，青年男女很难通过交往彼此认识、建立感情，进而成婚、建立家庭。所以，一些祈求婚姻幸福的男女虔诚地敬拜月下老人为他们拴上红线，缔结美好姻缘。杭州有座月下老人祠，怀春的少女和求偶的孤男纷纷前去烧香、许愿、占卜、抽签。此外，在很多地区的婚礼上，也都保留了拴红线的仪式。宋代以后这种风俗习惯逐渐演变为牵红巾或红布。

和合神在古代传说中也被赋予掌管民众婚姻大事的神力。民众多以唐朝诗僧寒山、拾得为和合二仙。相传二人共同爱上一位女子，女子却选择与拾得成婚。寒山得此消息后，便出家为僧，拾得亦舍其心中所爱去寻觅寒山。两人相会后，因均已出家，遂合力建造寒山寺。二人死后，寒山被民众奉为和神，拾得被奉为合神，二人共称"和合二仙"。和合二仙是极受民众欢迎的神灵。在中国传统婚礼上，时常挂有和合二仙的画像。也有些人常年将和合二仙像悬挂在家中正堂，以讨得吉利。此外，各地年画中也有不少以其为主题的作品，如《和合二仙》、《和合赐神》等。

在古代，喜神同样掌管人间婚姻大事。它似乎并无具体形象，人们在祭祀时只需找到喜神方位即可。在婚礼举行之前，普通民众都要请阴阳师推算喜神方位，并使轿口对准这个方向，此为"迎喜神"。除婚礼外，在一些特殊的场合，迎喜神的风俗习惯也十分流行。旧时，在北京，每逢大年初一，妓女们都要带上相好的去走喜神方，以求平安喜乐。

张仙又称张仙爷，为五代后蜀皇帝孟昶。宋太祖赵匡胤攻打后蜀，孟昶兵败投降，没几日便被害死。一同被俘的花蕊夫人为纪念他，便把孟昶的画像挂在屋中。赵匡胤问其缘由，花蕊夫人则说，这是蜀中送子的张仙。赵匡胤深信不疑，遂使张仙崇拜在宫廷里留存下来。由于统治者的提倡，张仙崇拜很快便流传到了民间，并产生影响。民众普遍相信张仙能够用箭射走天狗，保佑婴儿，并为妇女带来子嗣。于是，很多家庭常把张仙的纸像挂在烟囱左边。不育妇女更是对其虔诚祭拜。

在民间信仰中，胎神是主管妇女怀孕生育之神。人们对胎神既敬又畏，因为胎神有保佑胎儿和伤损胎儿的双重特性。当胎神有益于胎儿时，人们对其极端敬重；当胎神有害于胎儿时，人们对其格外畏惧。每逢此时，人们往往不再管它叫胎神，而是称之为"胎煞"。胎神有一定的方位并依照月份变动。因此，有产妇的人家必须悬挂胎神图，洞悉胎神所在方位，以便于安放产床，保佑孕妇顺利生产。妇女怀孕期间，家中的任何人都不得触犯、伤害到胎神，以免对胎儿不利，甚至伤害到胎儿。

保生大帝原名吴本，俗称"吴真人"、"大道公"、"花轿公"，北宋太平兴国四年（979年）生于福建省同安县。相传其为北斗紫微星投胎转世。他自幼聪明，长大后却立誓终身不娶。在他17岁那年的中秋夜，吴本漫游海滨赏月，遇到一位神仙。神仙带他到瑶池拜见西王母。西王母见其聪颖，便将降妖伏魔之术传授给他，同时，赠送了一部珍贵医书。此后，他钻研医学，力行医道，济世救人。在他死后，民众感念他的恩德，将其奉为神灵。据说保生大帝还有36个门徒。程真人、昭应灵王都是他的高足。

福建省龙海县的慈济宫，专门供奉保生大帝。每年农历三月十一日，人们要为其举行规模盛大的庙会。明清以来，保生大帝信仰随闽南移民传入台湾，并逐渐成为台湾影响力最大的神灵之一。当荷兰人占据台湾的时候，很多泉州人和漳州人都捧着此神的分身来到台湾。在台湾，现存保生大帝庙共有234座，以台北保安宫和台南的学甲慈济宫比较有代表性。在学甲慈济宫，每年农历三月十一日都要举行盛大的仪式，祭拜保生大帝，并和大陆的祖庙有很多的联系。这充分说明，保生大帝信仰成为闽台两地民间信仰交流的重要载体和核心内容之一。此外，台北保安宫在农历五月初二，也就是保生大帝升天纪念日举行盛大的祭祀典礼，祭祀保生大帝。

"月有阴晴圆缺，人有旦夕祸福"，对关注现实人生、讲求趋利避害的中国民众而言，各种主宰其命运的神灵都要加以膜拜，其中就包括福、禄、寿、禧、财。

中国民众对幸福的定义有五，分别是寿、富、贵、安乐、多子，此为"五福"。在他们的观念中，"五福"是由福神掌管的。福神起初为星宿，后逐渐被人格化，变成一位男性官人。具体说法有二：一说是三官中的天官。二说是古代道州刺史相成，因其助民抗官，被民间奉为福神。随着时代的发展，福神信仰在民间渐次普及。"天官赐福"不仅变成了民众彼此之间的吉祥祝词，"福"字还成为各家各户祈求平安幸福的重要标志。每年春节，各家各户都要在大门口倒贴一张写有"福"字的红纸，意思就是"福到了"。由于谐音的缘故，蝙蝠在民间也被赋予福神的某种意涵。所谓"五福临门"就是以五只蝙蝠的形象构成的。

禄神，又名司禄神，是主宰人间功名利禄之神。它起源于星辰信仰，后来，被不断地人格化。在很多地区，禄神被民众演绎成张仙。在普通民众的心目中，禄神除主司人间功名利禄之外，还可送子。因此，有相当一部分禄神像都是手抱小儿的形象。旧时，在节日和喜庆的时候，民众要"跳加官"以祭祀禄神。其中，扮演禄神的演员身穿大红袍，面带加官脸，走上戏台，绕场三周，不唱也不说。返场后，抱一小儿出来，绕场三周，退场。待再出场时，则手持红色条幅，上书"加官进禄"等颂词。

寿神又名寿星，同样源于星辰信仰。经过岁月的洗礼，人们逐渐将寿神描绘成一位慈眉善目的老人。故而寿神又有"南极老人"、"南极仙翁"之称。供奉寿神的地方叫做老人庙。各地于每年八月举行祭老人星活动。普通民众在为老人祝寿时，也多悬挂寿星神像。

此外，福、禄、寿三星还成为一些民间绘画的主要题材，寄托人们的美好心愿。其中福星手拿一个"福"字，禄星捧着金元宝，寿星托着寿桃、拄着拐杖。另外还采用了象征画法，画上只有蝙蝠、梅花鹿、寿桃，以它们的谐音来揭示所要追求的福、禄、寿之意。

财神作为主管发财致富之神，在民众中广受欢迎，影响深远。在民间，因时代和地域的不同，人们供奉的财神也不完全一样。总的来讲，财神分为正财神、文财神、武财神、五路财神、招财童子等。

正财神姓赵名公明。他原在峨眉山罗浮洞修道，后来辅佐殷纣王，与周朝军队战斗。他死后被封为"金龙如意正一龙虎玄坛真君"，并统领招宝天尊、纳珍天尊、招财使者、利市仙官四个部下。他们的职责都与财有关。除被一般民众当做财神来祭祀外，赵公明也被各地金融业者奉为祖师，其神像主要供奉在商人聚集的会馆、公所内。此外，各地的钱庄也是供奉赵公明的地方。在中国的不同地区，金融业者对赵公明的祭祀活动存在着显著的差异性。以北京为例，旧时，每年春秋两季，金融业者必举行盛大的祭祀仪式，请求神灵护佑，使从业者财源滚滚；同时也联络和增进从业者彼此之间的感情。南昌钱业会馆的财神殿一年到头都是香火不断，每逢赵公明的诞辰日，会馆更是热闹异常。届时，会馆都要举行隆重的拜寿礼，请戏班前来演戏。人们将一件速成的"赵爷袍"的特殊衣饰焚烧掉，并为其换上新衣。

文财神则是由古代文官演变而来，一说为比干，一说为范蠡。二人皆为历史名人，且以公正无私著称，因而受到了商人的崇敬，被奉为文财神。武财神即关公。五路财神又名五路神，是南方地区流行的财神。关于五路财神的起源，有两种说法：一说是元朝有一位名叫何五路的人，御敌而死，被民众奉为五路神。一说是由五显神演变而来。所谓"五显"即显聪、显明、显正、显直、显德。明清以后，五路财神信仰较为兴盛。这不但体现在祭祀财神的庙宇香火旺盛，就连民间年画也多以他们为主题。招财童子作为招财进宝的象征，也逐渐演变成为财神的配神。此外，在西南地区，还有崇拜四官财神的传统。据传四位财神分别姓严、唐、罗、冉。民间并未为他们造像，只是在牌位上写有"福禄四官财神"，将他们和福禄两位神仙一起祭拜。

爱财求富是民众的一种普遍心理。因此，各地普通民众会定期为财神举行隆重的祭祀活动。每逢新年岁首，人们多要进庙烧香，默默地祈祷一年之中人旺财旺。旧时，每年正月初二早上，天津居民、商店都要祭祀财神，焚香放炮，以羊、鸡、鱼为供品，此为"三牲"。除此之外，他们还要在酒杯中烧火，以供奉神灵。当火烧完后，他们还要奉财神马，置松、柏枝于芝麻秸之上，加黄钱、阡张、元宝焚化。商店店员一般夜里一两点钟便要起床，在掌柜的率领下，参加接财神的仪式。接神时，除普通干鲜各种供品外，公鸡、羊肉都要摆上神桌。最神秘的是活鲤鱼，要在祀神后，送回河里放生。鱼脊上拴有红绳，作为标记。据说经过三次敬神的鱼，便能跃过龙门，变成龙。店员们虔诚地敬祭财神，目的就是祈求来年财源滚滚。贫寒之家，多拿不出整只的鸡或整块的肉作为供品，所以不得不用鸡蛋和香干代替。在苏州，正月初五为财神五路神诞辰。当天，人们担心五路神为别人家迎去，因而一定早早地起床前去迎接。也有一些普通民众甚至是在五路神诞辰的前一夜便去庙里等候、迎接。

除定期祭祀外，民众还创作了大量的歌谣为财神歌功颂德，以求招财进宝。山东、河南一带的乡村普通民众在正月二十日前后接财神时，都要唱这样一首在当地流传比较广的《接财神谣》，流露出求财的心理："财神爷，打南来。反穿着皮袄，踢拉着鞋，隔着墙头扔元宝来。"到了传说中的财神寿诞之期——农历九月十七日，民众也会虔诚祈祷财神进财增福，并演唱歌谣："鞭炮一响把张开，增福财神两边儿排，招财童子中间坐，增福仙、增寿仙、刘海儿本是海中仙。一撒金，二撒银，三撒骡马成了群，四撒摇钱树，五撒聚宝盆，五子登科六六顺。"

为了把财富留在自己的家中，民众还要恪守大年初一不能扫地的风俗习惯，怕把财气扫走。姑娘出嫁时，也要格外小心，唯恐姑娘把财气带到婆家去。在一些地区，财神的神能有时也会扩大。河北省昌黎县侯家营村的村民们在孩子生病的时候也会给财神烧香，供灯和蜡烛。当地普通民众供奉财神是为了求家里一年的平顺、孩子的病能好，没有人为了求发财。

民众在定期祭祀福、禄、寿、财等诸神之余，也会对一些于自身不利的凶神加以敬奉，以免招致灾祸。他们认为小儿爱哭，是哭神在其身上作祟所致。其应对的方法是购买哭神纸马并焚烧之，或在街头贴哭神夜郎符，以为这样就可以保证小儿安睡不哭了。煞神本是一种星辰信仰，后来被人们逐渐人格化，并有性别之分。在民间，人们普遍认为煞神会带来疾病、伤害，甚至死亡。如遇到不幸，人们便互相送煞神纸马。瘟神又称五瘟神，是主宰传染病之神。五瘟神分别为春瘟张元伯、夏瘟刘元达、秋瘟赵公明、冬瘟钟仕贵、总管中瘟史文业。旧时，每年农历五月初五是民众祭祀五瘟神的日子。当天，人们折纸船、点烛火以送瘟神。送瘟神的日期还有清明、七夕、中元、冬至、除夕等。此外，在一些地区，人们对瘟神的祭祀和供奉还发生了变化，并具有鲜明的地域特色。在台湾等地，人们将瘟神唤作"王爷"。随着时代的发展，"王爷"越来越多地享受人间烟火，并演变为万能神，其本来的神格却逐渐消失。台湾的"王爷"有一百多姓，其中以池姓为最多。供奉"王爷"的寺庙一般叫做"代天府"或"代天宫"，其中以东港的东隆宫和台南的代天府的香火较盛。

结　语

　　中国民间信仰是一个光怪陆离、奇异神秘的世界。千百年来，人们世代传承着"万物有灵"等观念，沿袭并丰富、发展着各种对神灵虔诚礼拜的仪式，祈求神灵护佑自己平凡而美丽的现世人生。

　　在中国民众的信仰世界中，作为信仰者的他们既有被动的接受，也有主动的选择。他们宁可崇拜多个神灵，满足自己的宗教情感和不同的需要，也不去只信仰一个万能之神。中国民众所崇拜的神灵不仅包括天、地、日、月、星、辰、风、雨、雷、电、虹、霓、云、霞、水、火、山、石等自然体、自然物和自然力，还有各种动植物，更有人物。总之，所有人力所不及、幻想中具有超自然力的事物都有可能被民众纳入到崇拜之列。不仅如此，民众还崇拜人死后以及被认为附在活人身上的某种"灵"，或神灵，或鬼灵，或精灵。此外，天上的玉皇、地下的阎王、海底的龙王，以及东厨司命灶神、看守家门的门神和专司安寝的床神也都受到了他们虔诚的供奉。民众既跪拜那些高大金身的神佛，也向那些残缺褪色的小木偶神、小泥塑神、小纸绘神叩头；既供奉降恩赐福的福、禄、寿神和送子观音等至善之神佛，也祭拜为数不少的散播疫病、致人伤亡的恶神。他们在崇拜那些与人友善的神仙、精灵的同时，也向那些作祟人间的恶魔厉鬼献祭，还虔诚地崇拜那些善恶兼有的神神鬼鬼。

因此，中国民间信仰逐渐形成了一个独具特色的神灵崇拜体系。无论神或大或小、或高尚或卑微，或天上或地下，同样能够安享民众的祭祀。在这个过程中，他们并没有把对神灵的崇拜作为一件极为刻板的事情，而是为神灵编制了一个颇为开放的谱系。在他们的信仰生活中，不仅可以不断增加新的神灵，而且分属于不同宗教的神灵能够齐聚一堂，和谐共处。在中国普通民众的家庭中，佛教、道教的神灵与祖先、财神、灶王、孔子同时奉祀的情景比比皆是。

近代学者顾颉刚对家中悬挂的神轴，曾有过这样的回忆："当我七八岁时，我的祖父就把新年中悬挂的'神轴'上的神道解释给我听，所以我现在对神道的印象中，还留着神轴的型式。这神轴上，很庄严的玉皇大帝坐在第一级，旁边立着男的日神，女的月神。很慈祥的观音菩萨是第二级，旁边站着很活泼的善财和龙女。黑脸的孔圣人是第三级，旁边很清俊的颜渊捧着书立着。第四级中的可多了：有穿树叶衣服的盘古，有温雅的文昌帝君，有红脸的关老爷，有捧刀的周仓，有风流旖旎的八仙，又有很可厌的柳树精在八仙中混着。第五级为摇鹅毛扇的诸葛亮，捧元宝的五路财神。第六级为执令旗的姜太公，弄刀使枪的尉迟敬德和秦叔宝，伴着黑虎的赵玄坛。第七级为歪了头的申公豹，踏着风火轮的哪吒太子，捧着蟾蜍盘笑嘻嘻的和合，瞋目怒发的四金刚。第八级中是神职最小的了：有老惫的土地公公，有呆坐在井栏上的井泉童子，有替人管家务的灶君。"

此外，在民间的庙宇中，供奉众神的现象也较为常见。以台北的行天宫为例，该庙以关公为主神，同时供奉南宫孚佑帝君、九天司命真君、先天豁落灵官以及精忠武穆王岳飞，此为"五圣恩主"。关公的侍从神关平、周仓位列左右。在行天宫北投分宫，又多出下列几位配祀神灵。他们分别是三界公，即紫微大帝、清虚大帝、洞阴大帝，以及三教教主孔子、老子、释迦牟尼。不仅如此，在民间举行的一些丧葬、祭祀仪式中，也常会出现巫师与僧人、道士各司其职或同时作法的场面。

宗教社会学家涂尔干在谈到世界宗教现象时，曾提出迄今为止的宗教信仰无论简单抑或复杂，都显示了一个共同特色："神圣与凡俗这两个类别之间的对立，总是能够通过某种可见的记号，把自身明白无误地显露出来。无论何时何地，我们只要依据这个标记，就可以轻而易举地辨认出这种极其特殊的分类。既然在人们的思想里，神圣观念随时随地地与凡俗观念相分离，人们已经在两者之间划出一条逻辑界限，所以心灵会断然拒绝将这两种混为一谈，甚至不允许两者之间建立联系。"

然而，在中国民间信仰中，有关神圣与世俗的观

173

念，却呈现出一种颇为复杂的形态：一方面，人们普遍相信在世俗社会之外，存在着一个神秘的世界。在这个神秘的世界中，充满了神仙、亡灵和各种鬼怪。另一方面，在中国普通民众看来，"凡间所有事，皆需神照应"。这恰好是生活在现实世界中的人们对神圣世界的期待和要求。人们在从事宗教活动时，尽情表达自己的宗教情感，对自己务求实用、重视现世人生的心态也毫不掩饰。他们对神灵乃至神圣世界有两种不同的需求：一是心理的，完全是要得到心理安慰。焚香拜佛，可免灾祸。另一种是经济的，求神拜佛可以保护他们五谷丰登、六畜兴旺、连年有余、大吉大利。中国民众对宗教及其神灵的崇奉正是期待着具有神圣色彩的超自然力量能够解决自身的现实问题，并给予自己心理安慰。他们对神的要求和期待更多的是灵验，无论是信奉玉皇大帝，抑或是敬仰观音菩萨，都是为了借助神灵的庇佑，摆脱人世间的苦难。因而，那些以解决现实问题相号召的宗教宣传，比较容易被中国普通民众所接受。

在中国民众的眼里，世俗人操持神圣的仪式，或神圣世界关注凡事俗物，都是相当平常的事，绝对不会引起观念上的冲突。他们相信各路神灵都有悲天悯人的世俗情怀，会对人们的俗愿加以关照。他们习惯于像看待世俗事物一样地看待被赋予超自然力量的神灵，并以现实生活中对待俗人的方式来换取神灵的帮助。但是这并不意味着民众对神灵的"神圣性"的质疑和亵渎，反而会使这些神灵具有"人性"，与人的现实生活更加贴近。这也有助于民众通过人可以采用的方式，祈求神灵为满足人的世俗愿望服务，使自己得到某种实惠和安慰。正因为如此，他们很少会为辨别神灵的真伪而花费精力，大伤脑筋，只要能够保佑自己的世俗利益和现实生活，都一概予以接受。

中国民间信仰来自于民众对生活的体验和感悟，关注与现世人生相关的议题，故而带有比较浓厚的实用理性色彩。虽然，广大普通民众长期生活在专制统治严苛、经济比较匮乏的社会条件下，不过世道的艰难并没有使他们一心只向往远离凡尘俗世、不沾人间烟火的神仙境界，而是把一切的希望、信念与享受都放在现世生活之中，既不懈地努力、奋斗，改善实际生存状况，又用美酒、美食、美言向神灵表达心迹，祈求神灵降恩赐福，使自己得到某些实惠。正如在近代中国生活很多年的外国传教士明恩溥所说："我们不知道该怎样评价中国的宗教信仰，好像只是介绍什么为崇拜仪式。我们都知道，中国所有的神灵崇拜不是一系列宗教仪式，就是一桩交易——多少崇拜可以得多大好处。"中国民众信仰的功利倾向还反映在人们普遍相信因果报应上。因为无论是修善得福报，还是作恶受惩罚，都强化了民间信仰中业已存在的目的性。民众一方面希望做好事或者行善事能够得到预期补偿；另一方面又试图通过恶报来惩罚行为不端的人或者破坏社会秩序者。由此可见，中国民众就是生活在一种既不暧昧又不玄虚，而是十分实在的信仰世界中。

　　前辈文人学者认为，中国人"享受仅有一点东西的决心和能力都比较大，把精力集中在世俗的幸福，这一特性是我们缺乏宗教的原因，也是它的结果"。经过这趟中国民间信仰之旅，我们是否应该调整乃至修正一下中国人缺乏宗教的某些传统认知呢？

参考文献

1. 李文海、夏明方、黄兴涛等主编《民国时期社会调查丛编》宗教民俗卷，福州，福建教育出版社，2004。

2. 路遥编《山东大学义和团调查资料汇编》，济南，山东大学出版社，2000。

3. 欧大年、侯杰、范丽珠编《保定地区庙会文化与民俗辑录》，天津，天津古籍出版社，2007。

4. 高殿石编《中国历代童谣辑注》，济南，山东大学出版社，1990。

5. 文彦生编《中国鬼话》，上海，上海文艺出版社，1991。

6. 〔日〕仁井田升编《北京工商ギルド资料集》，东京，东京大学东洋文化研究所附属东洋文献中心刊行委员会，1975～1983年刊行。

7. 胡朴安编著《中华全国风俗志》，石家庄，河北人民出版社，1986。

8. 林语堂：《中国人》，郝志东、沈益洪译，上海，学林出版社，1994。

9. 李世瑜：《现代华北秘密宗教》，上海，上海文艺出版社，1990。

10. 乌丙安：《中国民间信仰》，上海，上海人民出版社，1995。

11. 侯杰、范丽珠：《世俗与神圣——中国民众宗教意识》，天津，天津人民出版社，2001。

12. 侯杰、范丽珠：《中国民众意识》，太原，山西教育出版社，1999。

13. 李乔：《行业神崇拜：中国民众造神运动研究》，北京，中国文联出版社，2000。

14. 任骋：《中国民间禁忌》，北京，中国社会科学出版社，1991。

15. 卫三畏：《中国总论》，陈俱译，上海，上海古籍出版社，2005。

16. 〔美〕明恩溥：《中国乡村生活》，午晴、唐军译，北京，时事出版社，1998。

17. 〔美〕周锡瑞：《义和团运动的起源》，张俊义、王栋译，南京，江苏人民出版社，1994。

18. 〔英〕弗雷泽：《金枝》，徐育新、汪培基等译，北京，中国民间文艺出版社，1987。

19. 〔奥〕弗洛伊德：《图腾与禁忌》，文良文化译，北京，中央编译出版社，2005。

20. 〔法〕爱弥儿·涂尔干：《宗教生活的基本形式》，渠东等译，上海，上海人民出版社，1999。

后 记

　　为撰写好这部史话，笔者对自己长期从事的中国民间信仰学习和研究进行了多次反思，不断获得新的体认，同时也深感任重而道远。

　　本想在以往研究的基础上，结合来自河北、山东等地的近年田野调查的新发现、新收获，和广大读者作进一步的交流。然而执教香港的这半年时间，虽然阅读资料的便利超过以往，夜以继日的工作也少有惊扰，但是由于出版时间的紧迫和新机遇、新挑战不断摆在面前，所以很难把美好的愿望变成现实，只有留待来日。

　　感谢高世瑜女士的大力推介及责任编辑岳蕾和宋淑洁小姐的认真督促，这部书终于要和读者见面了。在此，谨向各位关心中国民间信仰成长和发展的朋友表示由衷的谢意！

　　南开大学历史学院的博士生侯亚伟、汪炜伟、何睦、段文艳、朱文广、李文健、董虹、李从娜、赵秀丽和硕士生赵天鹭、黄景辉、谢晓晨、习晓敏、齐薇、陈文君以及本科生张培培、王蔷薇、傅懿、李娜、贾敏等人，还有选修相关课程的同学均不同程度地参与了本书或相关内容的讨论和田野调查，对民间信仰有了进一步的认识和了解。其中王小蕾从本科、硕士、博士一路走来，得到了更多的学习和锻炼机会，希望能力进一步提高，在学术的道路上不断攀登。天津师范大学历史文化学院的王兴昀、王志辉等人跨校研习，令人感怀。香港中文大学历史系的李净昉博士为本书的最终修改、完成付出很多辛劳，使本书增色不少。爱女侯远思也提供了多方面的帮助。年轻人的成长和进步，让笔者看到希望，更感到责任重大。

唯愿中国民间信仰的学习和研究能够灯火传薪；更愿她在中华文化的宝库中，焕发出耀眼的光芒！

侯杰

2012 年 4 月 5 日于香港中文大学

《中国史话》总目录

系列名	序号	书　名	作　者	
物质文明系列（10种）	1	农业科技史话	李根蟠	
	2	水利史话	郭松义	
	3	蚕桑丝绸史话	刘克祥	
	4	棉麻纺织史话	刘克祥	
	5	火器史话	王育成	
	6	造纸史话	张大伟	曹江红
	7	印刷史话	罗仲辉	
	8	矿冶史话	唐际根	
	9	医学史话	朱建平	黄　健
	10	计量史话	关增建	
物化历史系列（28种）	11	长江史话	卫家雄	华林甫
	12	黄河史话	辛德勇	
	13	运河史话	付崇兰	
	14	长城史话	叶小燕	
	15	城市史话	付崇兰	
	16	七大古都史话	李遇春	陈良伟
	17	民居建筑史话	白云翔	
	18	宫殿建筑史话	杨鸿勋	
	19	故宫史话	姜舜源	
	20	园林史话	杨鸿勋	
	21	圆明园史话	吴伯娅	
	22	石窟寺史话	常　青	
	23	古塔史话	刘祚臣	
	24	寺观史话	陈可畏	

系列名	序号	书名	作者
物化历史系列（28种）	25	陵寝史话	刘庆柱　李毓芳
	26	敦煌史话	杨宝玉
	27	孔庙史话	曲英杰
	28	甲骨文史话	张利军
	29	金文史话	杜　勇　周宝宏
	30	石器史话	李宗山
	31	石刻史话	赵　超
	32	古玉史话	卢兆荫
	33	青铜器史话	曹淑琴　殷玮璋
	34	简牍史话	王子今　赵宠亮
	35	陶瓷史话	谢端琚　马文宽
	36	玻璃器史话	安家瑶
	37	家具史话	李宗山
	38	文房四宝史话	李雪梅　安久亮
制度、名物与史事沿革系列（20种）	39	中国早期国家史话	王　和
	40	中华民族史话	陈琳国　陈　群
	41	官制史话	谢保成
	42	宰相史话	刘晖春
	43	监察史话	王　正
	44	科举史话	李尚英
	45	状元史话	宋元强
	46	学校史话	樊克政
	47	书院史话	樊克政
	48	赋役制度史话	徐东升

系列名	序号	书名	作者
制度、名物与史事沿革系列（20种）	49	军制史话	刘昭祥　王晓卫
	50	兵器史话	杨　毅　杨　泓
	51	名战史话	黄朴民
	52	屯田史话	张印栋
	53	商业史话	吴　慧
	54	货币史话	刘精诚　李祖德
	55	宫廷政治史话	任士英
	56	变法史话	王子今
	57	和亲史话	宋　超
	58	海疆开发史话	安　京
交通与交流系列（13种）	59	丝绸之路史话	孟凡人
	60	海上丝路史话	杜　瑜
	61	漕运史话	江太新　苏金玉
	62	驿道史话	王子今
	63	旅行史话	黄石林
	64	航海史话	王　杰　李宝民　王　莉
	65	交通工具史话	郑若葵
	66	中西交流史话	张国刚
	67	满汉文化交流史话	定宜庄
	68	汉藏文化交流史话	刘　忠
	69	蒙藏文化交流史话	丁守璞　杨恩洪
	70	中日文化交流史话	冯佐哲
	71	中国阿拉伯文化交流史话	宋　岘

系列名	序 号	书 名	作 者
	72	文明起源史话	杜金鹏　焦天龙
	73	汉字史话	郭小武
	74	天文学史话	冯　时
	75	地理学史话	杜　瑜
	76	儒家史话	孙开泰
	77	法家史话	孙开泰
	78	兵家史话	王晓卫
	79	玄学史话	张齐明
	80	道教史话	王　卡
	81	佛教史话	魏道儒
	82	中国基督教史话	王美秀
思想学术系列（21种）	83	民间信仰史话	侯　杰　王小蕾
	84	训诂学史话	周信炎
	85	帛书史话	陈松长
	86	四书五经史话	黄鸿春
	87	史学史话	谢保成
	88	哲学史话	谷　方
	89	方志史话	卫家雄
	90	考古学史话	朱乃诚
	91	物理学史话	王　冰
	92	地图史话	朱玲玲

系列名	序 号	书 名	作 者
文学艺术系列（8种）	93	书法史话	朱守道
	94	绘画史话	李福顺
	95	诗歌史话	陶文鹏
	96	散文史话	郑永晓
	97	音韵史话	张惠英
	98	戏曲史话	王卫民
	99	小说史话	周中明　吴家荣
	100	杂技史话	崔乐泉
社会风俗系列（13种）	101	宗族史话	冯尔康　阎爱民
	102	家庭史话	张国刚
	103	婚姻史话	张　涛　项永琴
	104	礼俗史话	王贵民
	105	节俗史话	韩养民　郭兴文
	106	饮食史话	王仁湘
	107	饮茶史话	王仁湘　杨焕新
	108	饮酒史话	袁立泽
	109	服饰史话	赵连赏
	110	体育史话	崔乐泉
	111	养生史话	罗时铭
	112	收藏史话	李雪梅
	113	丧葬史话	张捷夫

系列名	序号	书名	作者	
近代政治史系列（28种）	114	鸦片战争史话	朱谐汉	
	115	太平天国史话	张远鹏	
	116	洋务运动史话	丁贤俊	
	117	甲午战争史话	寇 伟	
	118	戊戌维新运动史话	刘悦斌	
	119	义和团史话	卞修跃	
	120	辛亥革命史话	张海鹏	邓红洲
	121	五四运动史话	常丕军	
	122	北洋政府史话	潘 荣	魏又行
	123	国民政府史话	郑则民	
	124	十年内战史话	贾 维	
	125	中华苏维埃史话	杨丽琼	刘 强
	126	西安事变史话	李义彬	
	127	抗日战争史话	荣维木	
	128	陕甘宁边区政府史话	刘东社	刘全娥
	129	解放战争史话	朱宗震	汪朝光
	130	革命根据地史话	马洪武	王明生
	131	中国人民解放军史话	荣维木	
	132	宪政史话	徐辉琪	付建成
	133	工人运动史话	唐玉良	高爱娣
	134	农民运动史话	方之光	龚 云
	135	青年运动史话	郭贵儒	
	136	妇女运动史话	刘 红	刘光永
	137	土地改革史话	董志凯	陈廷煊
	138	买办史话	潘君祥	顾柏荣
	139	四大家族史话	江绍贞	
	140	汪伪政权史话	闻少华	
	141	伪满洲国史话	齐福霖	

系列名	序号	书　名	作　者
近代经济生活系列（17种）	142	人口史话	姜　涛
	143	禁烟史话	王宏斌
	144	海关史话	陈霞飞　蔡渭洲
	145	铁路史话	龚　云
	146	矿业史话	纪　辛
	147	航运史话	张后铨
	148	邮政史话	修晓波
	149	金融史话	陈争平
	150	通货膨胀史话	郑起东
	151	外债史话	陈争平
	152	商会史话	虞和平
	153	农业改进史话	章　楷
	154	民族工业发展史话	徐建生
	155	灾荒史话	刘仰东　夏明方
	156	流民史话	池子华
	157	秘密社会史话	刘才赋
	158	旗人史话	刘小萌
近代中外关系系列（13种）	159	西洋器物传入中国史话	隋元芬
	160	中外不平等条约史话	李育民
	161	开埠史话	杜　语
	162	教案史话	夏春涛
	163	中英关系史话	孙　庆

系列名	序号	书　名	作　者
近代中外关系系列（13种）	164	中法关系史话	葛夫平
	165	中德关系史话	杜继东
	166	中日关系史话	王建朗
	167	中美关系史话	陶文钊
	168	中俄关系史话	薛衔天
	169	中苏关系史话	黄纪莲
	170	华侨史话	陈　民　任贵祥
	171	华工史话	董丛林
近代精神文化系列（18种）	172	政治思想史话	朱志敏
	173	伦理道德史话	马　勇
	174	启蒙思潮史话	彭平一
	175	三民主义史话	贺　渊
	176	社会主义思潮史话	张　武　张艳国　喻承久
	177	无政府主义思潮史话	汤庭芬
	178	教育史话	朱从兵
	179	大学史话	金以林
	180	留学史话	刘志强　张学继
	181	法制史话	李　力
	182	报刊史话	李仲明
	183	出版史话	刘俐娜
	184	科学技术史话	姜　超

系列名	序 号	书 名	作 者
近代精神文化系列（18种）	185	翻译史话	王晓丹
	186	美术史话	龚产兴
	187	音乐史话	梁茂春
	188	电影史话	孙立峰
	189	话剧史话	梁淑安
近代区域文化系列（一种）	190	北京史话	果鸿孝
	191	上海史话	马学强　宋钻友
	192	天津史话	罗澍伟
	193	广州史话	张　苹　张　磊
	194	武汉史话	皮明庥　郑自来
	195	重庆史话	隗瀛涛　沈松平
	196	新疆史话	王建民
	197	西藏史话	徐志民
	198	香港史话	刘蜀永
	199	澳门史话	邓开颂　陆晓敏　杨仁飞
	200	台湾史话	程朝云

《中国史话》主要编辑
出版发行人

总 策 划	谢寿光	王　正	
执行策划	杨　群	徐思彦	宋月华
	梁艳玲	刘晖春	张国春
统　　筹	黄　丹	宋淑洁	
设计总监	孙元明		
市场推广	蔡继辉	刘德顺	李丽丽
责任印制	岳　阳